AF389065

LA STÉNOGRAPHIE

SANS MAITRE

OU

L'ART D'ÉCRIRE AUSSI VITE QUE L'ON PARLE

ENSEIGNÉ EN DIX LEÇONS

D'APRÈS LE SYSTÈME LE PLUS SIMPLE ET LE PLUS RATIONNEL

Par A. ROBY, sténographe officiel

OUVRAGE PRATIQUE ET D'UNE COMPRÉHENSION FACILE
CONTENANT PLUS DE MILLE CARACTÈRES SPÉCIAUX
GRAVÉS DANS LE TEXTE, ET DES PLANCHES ÉGALEMENT GRAVÉES

SECONDE ÉDITION

PARIS

LIBRAIRIE DU *PETIT JOURNAL*

21, Boulevard Montmartre, 21

COURS DE STÉNOGRAPHIE

EN DIX LEÇONS.

Voici un livre qui a la prétention d'être utile, et qui se propose de ne rien négliger pour le prouver à ses lecteurs. Il veut essayer de propager, de faire connaître et de faire aimer une science peu connue et d'une valeur incontestable. C'est à cela qu'il va mettre tous ses efforts. Il abjure d'avance tout amour-propre littéraire ; il veut avant tout être clair, précis et pratique ; et le lecteur qui trouvera qu'il ressasse un peu les choses ou qu'il se répète, devra l'excuser, en supposant qu'on peut rencontrer des élèves moins intelligents que lui.

Un professeur n'est pas indispensable pour apprendre la sténographie aux gens qui sont sincèrement désireux de la savoir. Il n'y a rien d'abstrait dans ses préceptes. C'est une science à la portée de tous, d'une simplicité extrême. Elle ne comporte que des règles précises, peu nombreuses, à peu près sans exception. Elle présente dix fois moins de difficultés, surtout pour les jeunes organisations, que l'étude de l'écriture ordinaire. C'est une écriture raisonnée et rationnelle.

Toutes nos leçons peuvent se résumer de cette façon : — Tel son, telle lettre, telle syllabe, tel mot se trace de telle manière, se traduit par tel signe, et ce signe s'écrit et se lie aux autres d'après telle convention. — Cela est assurément fort clair et ne saurait fatiguer la tête. Un professeur ne pourrait que répéter et développer ces indications, que notre livre mettra en permanence sous les yeux de nos lecteurs.

Si quelque oubli, quelque obscurité se rencontraient d'ailleurs dans les pages qui vont suivre, nous serions heureux qu'on voulût bien nous les signaler. Nous les ferions disparaître des prochaines éditions, si cet ouvrage était appelé au succès que nous espérons. Nous sommes, avant tout, d'une bonne foi absolue.

Nous ne comptons pas, du reste, nous borner à donner des règles, sans nous inquiéter de leur application. Nous voulons conduire nos élèves dans une voie pratique, et non-seulement leur apprendre la sténographie, mais en faire des sténographes experts, — ce qui est bien différent. Il nous faut assurément leur concours pour cela. Mais nous n'abuserons ni de leur attention, ni de leur bonne volonté. Dès nos premières leçons, ils se convaincront que la sténographie, malgré son apparence de grimoire, est plutôt une récréation qu'un travail.

Ce qui rebute souvent les gens les mieux disposés, c'est la vue des méthodes ordinaires, la confusion, le papillotage de signes inconnus, le défaut de clarté, et surtout les renvois fréquents à des planches spéciales. Nous l'avons si bien compris que, pour éviter ces renvois, nous avons fait graver tout exprès des caractères spéciaux, pour les imprimer dans notre texte, sans l'interrompre aucunement.

Les jeunes gens pourront apprendre la sténographie en se jouant, pendant les vacances, et en retireront les avantages les plus sérieux. Nous avons vu des enfants de douze ans devenir fort habiles en quelques semaines, et s'amuser de la sténographie comme d'un jeu de casse-tête chinois.

Notre cours est divisé en dix leçons, et nous proposons de lui donner une durée de deux semaines, en y consacrant deux heures par jour environ. Cela suffira.

Les deux premières leçons traitent des langues, des écritures, et de la sténographie en général. Quoique ce soient des études sans application directe, nous les recommandons à nos élèves, comme très-utiles à leurs progrès. Nous avons cherché à les rendre les moins ennuyeuses possibles. Mais il faut nécessairement, avant d'apprendre quelque chose, savoir ce qu'on veut apprendre, et comment il faut l'apprendre.

Il faudra donc employer les deux premières séances à lire attentivement ces leçons, s'arrêter aux passages qu'on ne saisirait pas d'abord, et les relire jusqu'à ce qu'on en ait une entente complète. On abordera ensuite les leçons de méthode avec de grandes facilités.

Il est certain que le présent livre appartient au lecteur qui l'a payé, qu'il peut en faire ce qu'il lui plaît, et commencer à le lire par la fin, si cela l'amuse. Mais c'est un procédé funeste, et s'il nous accorde quelque confiance, il se conduira autrement.

Il faut éviter de s'étourdir et de s'émouvoir, à la vue prématurée de hiéroglyphes, qui paraîtront rébarbatifs, tant qu'on n'aura pas pénétré dans leur intimité. Cette connaissance peut se faire le plus facilement du monde. Quand nous saurons au juste ce que c'est que la sténographie, nous la chercherons et nous la trouverons naturellement, nos élèves et nous, si bien que nous nous familiariserons, sans nous en apercevoir, avec ses obscurités apparentes.

Voici la division de temps et de leçons que nous conseillons :

PREMIÈRE SEMAINE. — Ainsi que nous l'avons dit plus haut, consacrer les deux premiers jours aux études générales : ORIGINE DE L'ÉCRITURE ; — HISTOIRE DE LA STÉNOGRAPHIE ; — SON BUT, SON UTILITÉ, SES APPLICATIONS ; — CHOIX D'UNE MÉTHODE. — Il sera bon de relire ces premières leçons jusqu'à ce qu'on en ait retenu les idées principales.

Les trois leçons qui viennent après : L'ÉCRITURE LOGIQUE ; — L'ALPHABET STÉNOGRAPHIQUE ; — LA MNÉMOTECHNIE DE LA STÉNOGRAPHIE ; — devront occuper les trois jours suivants. Il sera bon de revoir l'ensemble de ces études le sixième jour, sans aller plus loin.

SECONDE SEMAINE. — Les cinq dernières leçons : LA LIAISON DES SIGNES ; — L'AGENCEMENT DES MOTS ET LES LIAISONS IRRÉGULIÈRES ; — LES NOMS PROPRES, LA PONCTUATION ET LES SONS ÉTRANGERS ; — LA NUMÉRATION ; — LES ABRÉVIATIONS ; — occuperont les cinq premiers jours de cette semaine.

On fera bien de la terminer par une lecture nouvelle des leçons préliminaires, qu'on saisira d'autant mieux qu'on aura la connaissance des éléments de la science dont elles traitent. Enfin nos élèves, qui sauront alors la sténographie, — auront à se demander, au bout de ces quinze jours, s'ils veulent devenir réellement sténographes, et ils trouveront, dans l'épilogue qui termine cet ouvrage, le moyen facile et sûr d'y parvenir rapidement.

A. ROBY (*).

(*) Les lettres et communications de toutes sortes, relatives à cet ouvrage, peuvent être adressées à M. Roby, à la librairie du *Petit Journal*, et lui parviendront sûrement, sous enveloppe affranchie.

LA STÉNOGRAPHIE SANS MAITRE

PREMIÈRE LEÇON

ORIGINE ET FORMATION DE L'ÉCRITURE

Il nous faut nécessairement remonter un peu haut, et bien au delà du déluge, pour étudier sommairement l'éclosion du langage et de l'écriture chez l'homme primitif. Nous descendrons, d'ailleurs, rapidement les âges, dès que nous aurons vu de quelle façon probable l'intelligence humaine a créé les relations écrites et parlées, qui nous sont parvenues, perfectionnées par une longue suite de siècles. Il n'y a dans cette recherche rien qui blesse l'orthodoxie, car la Genèse ne s'explique pas à cet égard.

Nous n'avons pas besoin d'en appeler à la tour de Babel, pour expliquer le développement des langues et leur diversité : Voyons seulement les premiers pas que fit l'humanité dans cette voie.

Lorsque les hommes des premiers âges, mal affermis encore sur l'écorce attiédie de la terre en fusion, se réunirent en société, leur premier besoin fut de se communiquer leurs pensées, pour s'unir contre les ennemis et les dangers communs. Les idées primitives furent certainement empruntées aux objets qui les frappaient et les entouraient, à la nature vivante et agissante. Un instinct naturel les poussa d'abord à affirmer leur personnalité ; c'était le MOI qu'il fallait traduire, et qu'on dut désigner par un geste indicatif. Un novateur hardi, — il en fut de tous temps, — accompagna le geste d'un son particulier qui devint commun à une réunion d'hommes ; — la parole était trouvée. On finit par négliger le geste pour ne conserver que le son.

Un jour, cela parut insuffisant. Un chasseur, traversant un endroit solitaire, voulut apprendre à ses frères qu'il avait passé là. Il fallait arrêter, fixer l'idée du MOI, et la laisser derrière lui. Il traça naïvement sur un rocher un bonhomme pareil à ceux dont les enfants illustrent les murailles. C'était le premier pas de l'écriture ; — l'écriture hiéroglyphique, qui reproduit simplement les objets qu'elle veut désigner.

On ne saurait nier que ce soit la première de toutes, celle qu'on peut deviner à la rigueur, sans le secours d'aucune clé et d'aucun alphabet. Mais c'est en même temps l'écriture la plus longue, la plus diffuse et la moins précise.

A mesure que la civilisation marchait, on éprouva le désir de donner plus de rapidité aux figures qui personnifiaient les idées ; l'écriture se dégagea de ses formes compliquées ; — au bonhomme-hiéroglyphe succéda la tête seule du guerrier, coiffée du casque ou du pschent ; — la tête disparut à son tour, et le casque seul représenta l'homme ; — ce casque est arrivé jusqu'à nous, et c'est la première lettre de l'alphabet de toutes les langues — **a**.

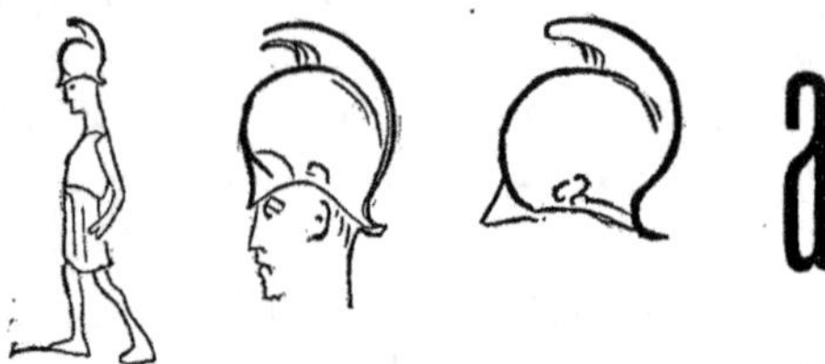

Après s'être affirmé lui-même, l'idée de l'homme se porta naturellement vers la femme, sa compagne, la gardienne du foyer, à peu près esclave dans cet âge d'or. Pour la désigner, il dut emprunter à sa figure ou à sa forme une marque distinctive, celle qui la différenciait essentiellement de l'homme et de l'enfant. Les courbes gracieuses de sa gorge donnèrent l'E, qui s'est conservé plus pur dans l'écriture cursive que dans les types d'impression.

Si nous nous rendons compte des idées logiques des premières agglomérations d'hommes, vivant en peuples pasteurs, en dehors de toute théologie imposée, avant toute législation régulière, nous devons les supposer fort attentifs aux phénomènes naturels, qui rompent seuls la monotonie de leur existence, et qui les remplissent d'une sorte de terreur religieuse. Ils admirent et vénèrent le soleil et la lune, quand ils ne les adorent pas. Ils suivent de l'œil le cours des étoiles et font les premières découvertes astronomiques. Les orages les épouvantent, et l'éclair qui déchire la nue leur semble un œil irrité ouvert sur eux, l'œil d'un maître. De là l'idée de Divinité, unie à celle de ciel, de hauteur, d'élévation, qu'on rencontre chez les hordes les moins civilisées. Dieu est en haut; c'est vers le ciel que s'élèvent les regards qui implorent ses dons ou veulent désarmer sa colère. Aussi les premiers autels se placent-ils dans des lieux élevés, sur le sommet des collines; c'est aux cimes des montagnes que la Divinité se manifeste aux chefs des peuples, dans des buissons enflammés par la foudre : on consacre aux dieux les grands arbres, les chênes sacrés, et on personnifie l'aspiration vers eux, la prière, par l'obélisque, comme on l'a fait plus tard par le clocher. — C'est la troisième lettre sonnante; c'est l'I.

Après cette désignation vague et presque abstraite du Créateur, l'esprit de l'homme se repose sur ses manifestations les plus éclatantes ; le soleil rayonnant désigne le jour, la vie active, le temps, l'époque ; et quand, plus tard, il se dépouille de ses rayons, l'O apparaît dans sa forme régulière qui n'a pas varié jusqu'à nous.

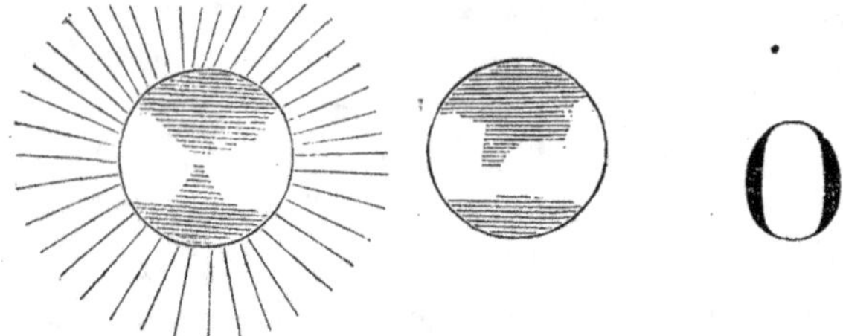

La lune, signe distinctif de la nuit, dont les phases forment les mois, et qui sert à mesurer les grands espaces de temps, enrichit à son tour l'écriture hié-roglyphique ; elle se désigne par la forme qui lui est spéciale, le croissant. C'est la dernière des voyelles ; l'U.

Voici donc les cinq sons les plus naturels à la voix humaine, qui ont trouvé des signes représentatifs dès les premiers âges, et leur antiquité est tellement réelle qu'on les retrouve, ainsi que nous l'avons dit, dans les alphabets de tous les peuples anciens, avec de très-légères modifications de forme. Nous ne saurions insister là-dessus ; il nous suffit d'avoir montré comment l'homme passa de la parole dite à la parole écrite, et de justifier l'étrangeté de forme des caractères que nous employons encore aujourd'hui (*).

Il serait trop long de suivre et d'étudier les altérations qui, par la suite des temps, se sont produites dans ces types primitifs. Nous voulons simplement faire remarquer que, dans les premières langues, les mots empruntaient aux lettres dont ils étaient formés, une signification complexe plus ou moins précise. Ainsi une idée générale se trouvait naturellement représentée par un assemblage de lettres-hiéroglyphes, exprimant chacune un de ses éléments, de ses attributs, de ses propriétés. Cet assemblage de figures, ramené à des formes plus simples et au type des caractères dont nous venons de parler, se transformait en MOT.

L'idée divine, par exemple, embrassant l'universalité de la création, le Tout panthéiste, le Pan des païens, au lieu de se résumer dans l'I, signe de la Divinité, débutait simplement par cette lettre. Auprès d'elle se plaçait le signe de la fécondité, de la nature en gestation éternelle, l'E. — Le reste de la création, représenté par les deux astres qui gouvernaient le temps, venait ensuite, O, U. — Et l'homme, à l'extrémité de l'échelle descendante, fermait la marche et

---

(*) Les personnes intéressées par ce genre de recherches peuvent consulter un admirable travail sur ce sujet, publié dans les premiers volumes du *Musée des familles*.

complétait la formule divine par sa personnalité A. On écrivait ainsi IEOUA ou JEOVA. Et nos lecteurs nous permettront de leur dire que c'est là de la belle et bonne sténographie. Jamais on n'en a dit davantage en un seul mot.

A mesure que l'écriture se forme et se complète, les lettres perdent leur sens particulier, et se bornent à représenter des sons et des articulations propres à reproduire le langage. La lettre idéographique ou le hiéroglyphe, représentant un objet ou une idée, se transforme en lettre euphonique ou phonétique.

Il nous reste de beaux échantillons d'écriture symbolique, et l'obélisque de Luxor, dressé sur la place de la Concorde, à Paris, en est un curieux spécimen. Les quipos péruviens, les tribunols chinois, les peintures mexicaines et les hiéroglyphes égyptiens sont des caractères idéographiques, c'est-à-dire qui se lisent, se comprennent, mais ne se prononcent pas d'une manière précise ; — j'entends par cela que plusieurs lettrés, en les expliquant dans le même sens, pourront se servir d'expressions différentes. — Les chiffres arabes, les notes de musique, sont, dans un ordre spécial, des caractères idéographiques, en ce qu'ils représentent une seule et même idée, que la voix peut traduire de plusieurs façons. Ainsi le 2 gardera sa valeur et restera le même pour tous les peuples qui ont adopté l'usage de ce chiffre, bien qu'ils le nomment, suivant leur nationalité, *deux*, *two*, *zwei*, *twee*, *dos*, *due*, — etc., etc.

Le passage de l'écriture symbolique à l'écriture

phonétique a du être déterminé par le besoin d'exprimer des idées abstraites, — BONHEUR, SOUVENIR, DOULEUR, — difficiles à peindre matériellement. C'est cette difficulté que les anciens ont habilement tournée, en personnifiant les passions et en peuplant de milliers de dieux l'Olympe du paganisme.

Mais la mythologie elle-même fut insuffisante, et l'écriture se transforma forcément, sous la pression des idées immatérielles qu'elle était appelée à traduire et à conserver. Avec les éléments empruntés à l'écriture hiéroglyphique, l'homme composa des lettres et leur assigna une voix, une articulation distinctes ; il les réunit en mots et put enfin reproduire les sons convenus qui représentaient ses pensées. L'écriture entra alors dans une phase nouvelle.

Les anciens attribuaient son invention à Cadmus.

> C'est de lui que nous vient cet art ingénieux
> De peindre la parole et de parler aux yeux.

En simple prose, l'écriture est l'art de représenter la parole ou la pensée, traduites en mots, par des caractères de convention.

Ainsi que nous l'avons expliqué, toutes les écritures primitives ont des points de contact et de ressemblance, dans la forme de leurs voyelles ou sons simples, ce qui suffirait à démontrer leur commune origine symbolique. En se débarrassant de la forme compliquée des hiéroglyphes, qui se réduisirent à de simples traits en devenant des lettres, l'écriture acquit une grande rapidité, et c'est encore aujourd'hui une des qualités des écritures orientales et particulièrement de l'hébreu. Les signes dont il se compose sont d'une forme élémentaire, et l'usage permet à l'écrivain de supprimer les voyelles qui entrent dans les mots qu'il écrit, sans en altérer le sens. Les caractères rabbiniques, employés par quelques savants israélites, sont plus simples et plus concis encore. Ils constituent une sorte de sténographie, et l'on comprend que le roi David s'écrie, dans le 44ᵉ psaume : *Lingua mea calamus scribæ veloci-ter scribentis !* (Puisse ma langue se mouvoir aussi vite que la plume la mieux exercée!)—Toutefois, il est à craindre que ce souhait soit empreint de l'exagération familière à la poésie lyrique.

De l'hébreu et du grec au latin, du latin aux langues modernes, la marche de l'écriture est rétrograde comme rapidité. Ce fait n'a rien qui doive étonner et résulte du développement normal des langues. Il se crée alors des mots composés ; les adverbes ajoutent des finales aux adjectifs ; les verbes se déclinent ; le nombre et les genres prolongent les mots ; le besoin de précision dans la pensée s'oppose à la concision du langage qui l'exprime. Cette recherche de la clarté crée les conventions orthographiques, si bizarres et si capricieuses, particulièrement dans notre belle langue. Aussi la sténographie, naturelle aux premiers âges de l'écriture, et qui se confondait alors avec elle, si l'on en croit le roi-prophète, est-elle toute à reconstruire. Sans renoncer aux conquêtes du langage moderne, il faut voir de quelle façon on peut retrouver la célérité d'autrefois. C'est une science spéciale à créer, absolument distincte de l'écriture ordinaire, et sur laquelle nous avons tout à apprendre.

Il est inutile de nous appesantir sur son importance, à une époque où la question de temps gouverne le monde. La sténographie est à l'écriture usuelle ce que la locomotive est à l'ancien coche.

La définition de l'écriture étant donnée : — Reproduire la parole et la pensée, — l'écriture la plus parfaite sera celle qui fera cette reproduction le plus rapidement et le plus clairement possible. Il était donc utile, avant de nous occuper de la sténographie ou écriture perfectionnée, d'étudier l'origine et le point de départ de l'écriture en général, ne fut-ce que pour nous rendre compte des progrès qu'elle a faits et de ceux qu'on peut encore lui voir accomplir.

DEUXIÈME LEÇON.

—

ORIGINE, UTILITÉ, APPLICATIONS DE LA STÉNOGRAPHIE. — STÉNOGRAPHIE RIGOUREUSE OU EXACTE. — STÉNOGRAPHIE SUFFISANTE. — HISTOIRE DE LA STÉNOGRAPHIE. — CHOIX D'UNE MÉTHODE.

La sténographie est l'art de donner à l'écriture une rapidité extrême, en employant, pour représenter les sons, des signes particuliers très-simples, — et en négligeant les conventions orthographiques qui prescrivent l'emploi de lettres doubles, inutiles, ou détournées de leur prononciation naturelle.

La sténographie remonte à la plus haute antiquité. Son nom lui vient de deux mots grecs : *steinos* et *graphë* « écriture réduite ou abrégée. » Il est certain que, dès que l'écriture a été connue, les scribes ont pu se trouver obligés, dans des circonstances particulières, de presser leur travail, d'employer des abréviations, de négliger la ponctuation et les finales de certains mots, sans que pourtant leur manuscrit devint illisible pour cela. C'est ce que font encore aujourd'hui les gens qui prennent des notes sur un agenda, et les élèves qui suivent des cours publics et veulent conserver les passages les plus saillants du discours d'un professeur. C'est une sténographie réelle qu'ils emploient sans s'en douter, comme M. Jourdain faisait de la prose, — sans règles et sans principes, assurément, mais non sans utilité.

La sténographie n'est pas rigoureusement l'*Art d'écrire aussi vite que l'on parle,* — pas plus que la musique n'est l'art d'écrire de grands opéras. C'est le chemin obligé qu'on doit prendre, quand on veut atteindre ce but, mais on n'y voit arriver sûrement que les personnes douées d'aptitudes spéciales, et surtout de persévérance et de résolution. On peut connaître la sténographie en quinze jours, de la manière la plus complète, mais on ne saurait devenir un habile sténographe que par un travail soutenu.

Que nos lecteurs ne se découragent pas pourtant; il y a des degrés à tout. Dans des conditions ingrates, même avec une intelligence rétive, l'étude de la sténographie est salutaire et pleine d'avantages. Elle peut rendre des services importants, alors même qu'on ne la pratique pas avec la dextérité que le temps seul peut donner. Et pour nous rendre compte de ce que nous avançons, nous allons calculer sa rapidité moyenne, sous la plume d'élèves ordinaires.

Prenons pour point de départ, — pour unité de vitesse, si l'on veut, — l'élocution d'un avocat au barreau ou d'un prédicateur en chaire, lorsqu'il expose des faits sans passion et que les mots se présentent facilement à lui. — L'écriture française courante, expédiée et ponctuée, ne pourra reproduire son discours que dans un espace de temps huit à dix fois plus considérable que celui qui aura été employé à le prononcer. Le rapport de la parole à l'écriture est par conséquent de 1 à 10 environ.

En négligeant l'orthographe et la ponctuation, en scindant les mots, en désignant par leurs premières lettres ceux qui ne servent qu'à lier le discours ou qu'on peut facilement deviner, on arrive à doubler la vitesse de l'écriture usuelle. Le rapport change aussitôt et n'est plus que de 1 à 5.

Écrire plus rapidement en français ne paraît guère possible. Nous devons prévenir une objection à cet égard, puisque nous avons parlé tout à l'heure des élèves qui suivent les cours des Facultés : On en voit prendre des notes si rapides, qu'une fois rentrés chez eux, ils peuvent reconstituer le discours du professeur presque entièrement, du moins dans ses parties principales.

Cela veut-il dire qu'ils aient écrit aussi vite que la parole? Non, sans doute, et il faut faire une large part à leur mémoire et à la connaissance qu'ils ont du sujet traité. Un simple mot, un signe leur suffisent pour reconstruire une phrase entière. Placez ces sténographes sans préméditation en présence d'un discours roulant sur des matières à eux inconnues, — rempli de mots techniques ; — et vous verrez la vitesse

de leur écriture rentrer dans les proportions que nous lui avons assignées.

L'expérience est également concluante, si l'on prend les manuscrits si rapidement écrits, et si l'on essaie de les faire déchiffrer par un tiers, — fut-il du même cours et de la même classe. Il ne voit dans ces notes hâtives que du noir sur du blanc, un griffonnage illisible. Ce n'est donc plus de l'écriture; ce sont des jalons, des points de repère, des signes mnémotechniques que peut seul reconnaître celui qui les a tracés.

En établissant au cinquième la rapidité de l'écriture usuelle la plus prompte, comparée à celle de la parole, nous sommes à peu près dans le vrai. Cette proportion de 1 à 5 va se réduire rapidement par l'usage de la sténographie. Voici des faits assurés : —

Un élève ordinaire, s'exerçant régulièrement une heure par jour, doit acquérir, au bout de trois mois, une vitesse qui peut se représenter *au maximum* par le rapport de 1 à 3. — Au bout de six mois ou d'un an, ce rapport n'est plus que de 1 à 2. — Il arrive enfin à n'être plus que de 1 à 1 1/2, quand l'élève est tout à fait sténographe, et nous dirons plus loin ce que nous entendons par ce mot. En persistant dans ses exercices, il arrive enfin à suivre la parole calme et régulière, que nous avons prise pour point de comparaison. — Mais, que fera-t-il, si l'orateur, cédant à l'emportement de l'éloquence, se livre à ces mouvements oratoires, dans lesquels les expressions affluent, se multiplient et s'élancent, rapides et pressées, pour convaincre ou persuader l'auditeur ? — Il faut l'avouer courageusement ; dans ce cas, la sténographie d'un seul est impuissante.

Nous avons dit « d'un seul » et cela nous oblige à parler du service sténographique officiel, — de la sténographie des journaux, en un mot, — pour qu'on ne s'en fasse pas un argument contre nous.

Un certain nombre de discours, — on le sait, — sont écrits d'avance et lus à la tribune par leurs auteurs, au lieu d'être improvisés, comme on le suppose trop souvent. La besogne des sténographes est alors facile. Ils se bornent à enregistrer les mouvements de l'auditoire, les interruptions et les points principaux du discours, dont le manuscrit leur sera sans doute remis. C'est ainsi que cela se passe chez les peuples civilisés.

Quelques orateurs parlent d'abondance, et ce ne sont pas ceux qui parlent le moins couramment. Les interpellations se croisent devant eux ; les répliques sont simultanées ; les interrupteurs se coupent la parole ou échangent des invectives qui se succèdent comme les feux de file d'un peloton. C'est alors une autre affaire : il ne suffit pas d'écrire aussi vite que la parole, pour ne rien perdre de la discussion ; il faut écrire infiniment plus vite.

Cependant on arrive à reproduire *presque* exactement la physionomie d'une séance quelconque et les discours qui s'y sont prononcés. Voici comment cela se passe :

Un sténographe, toujours prêt, commence à écrire

au premier mot de l'orateur qui prend la parole. Sa plume vole, et cependant, reste de plus en plus en arrière; son oreille est à l'affût; sa mémoire enregistre et retient, sans que l'action mécanique de sa main soit retardée... Dès qu'il a peur d'être distancé ou de s'embrouiller, dès qu'il arrive à douter de sa mémoire, au bout d'une, deux ou trois minutes au plus, il prévient son voisin d'un mot ou d'un geste; — celui-ci saisit avec sa plume le mot qui se prononce au moment même, pour suivre l'orateur à son tour, jusqu'à ce qu'il passe la besogne à un confrère. Le sténographe qui vient de se faire remplacer ne quitte pas la place pour cela; il finit d'écrire ce qu'il a entendu; il solde l'arriéré et empiète même un peu sur le travail de son successeur, afin que les deux fragments du discours aient quelques mots qui les relient.

Dès qu'il a fini, il abandonne la salle des débats, pour passer dans un appartement réservé, où il traduit en écriture usuelle les notes qu'il vient de rassembler pendant sa courte séance. Inutile de dire que cette traduction est cinq à six fois plus longue à écrire que le texte primitif. On la porte à l'imprimerie, et l'écrivain va reprendre sa place auprès de ses confrères, pour attendre le signal qui doit le remettre en activité.

On conçoit qu'un service de sténographie emploie, par conséquent, un nombreux personnel. Les trois quarts de ses membres sont constamment occupés à traduire les notes recueillies; le dernier quart est au pied de la tribune, se relayant à de courts intervalles;

et malgré tous ces soins, l'exactitude du compte rendu peut n'être pas absolument rigoureuse.

Ce qui le prouve, c'est qu'on double ordinairement le service, c'est-à-dire qu'on établit deux corps de sténographes, indépendants l'un de l'autre, chargés de reproduire les mêmes séances et de se contrôler mutuellement. Quand on met en regard leurs comptes rendus, on y constate fréquemment des différences d'expression et de forme.—Ajoutons, pour vider l'incident, que les orateurs ont en outre la faculté de revoir et de corriger leurs discours, et qu'ils en abusent quelquefois,—ailleurs qu'en France, bien entendu.

Après cette digression nécessaire, nos lecteurs comprendront dans quelles limites on peut espérer « écrire aussi vite que la parole. » Il est assez facile, par exemple, de suivre la représentation d'une œuvre dramatique, d'en recueillir les beaux passages et les principales situations. Les acteurs se posent, prennent des temps, s'écoutent parler, et, comme dit Molière, s'arrêtent aux bons endroits pour montrer quand il faut applaudir.

Il en est de même dans l'éloquence sacrée ; la voix du prêtre, en chaire, est ordinairement lente, digne et mesurée. S'il s'anime, s'il s'emporte, s'il se livre à de saintes colères, il est sûr de mettre les sténographes sur les dents.

On s'est peut-être étonné tout à l'heure de voir les sténographes officiels obligés de quitter la tribune, pour aller traduire *eux-mêmes* leurs notes dans une salle particulière. C'est qu'il en est de la sténographie, comme des devoirs de collége dont nous avons parlé plus haut. — La sténographie régulière, écrite à loisir, trois à quatre fois plus vite que l'écriture ordinaire toutefois, — est une écriture précise, qui est lue facilement par tous ceux qui en ont l'intelligence : nous l'appellerons STÉNOGRAPHIE RIGOUREUSE OU EXACTE.

Mais au pied de la tribune, pressée par la marche de la parole, quand l'écrivain enjambe, élude, élimine, coupe les mots, la sténographie passe à l'état de notes mnémotechniques, propres à celui qui les écrit; — et bien que ces notes soient infiniment plus complètes que celles que donnerait toute autre écriture, elles ne sont lues couramment que par celui qui les a tracées, et qui sait donner un sens à des traits indécis ou inachevés. Nous lui donnerons le nom de STÉNOGRAPHIE SUFFISANTE.

Cette explication nous a menés bien loin, puisqu'elle nous a conduits à parler des ABRÉVIATIONS, qui sont le couronnement de la sténographie. Il nous faut d'autant plus revenir sur nos pas, que c'est un chapitre dangereux à aborder avant l'heure. On ne doit s'en occuper que lorsqu'on possède les éléments de la science, qu'on les a suffisamment pratiqués, et qu'on est enfin sténographe. C'est le moment de dire ce que nous entendons au juste par ce mot.

A la fin de nos leçons, nos élèves auront la clé et l'intelligence de la sténographie : il n'en est pas un qui, après la lecture de ce livre, ne puisse écrire un mot, une ligne, une phrase en caractères sténographiques exacts. C'est le point de départ.

Leurs premiers essais de sténographie les amuseront sûrement ; ils se plairont à dessiner des figures imprévues et s'intéresseront à l'allure singulière de certains mots. Mais ce travail ne se fera pas sans tâtonnements ; ils ne trouveront pas toujours de prime abord la forme des lettres cherchées ; cela nécessitera un effort de mémoire, que nous leur rendrons d'ailleurs aisé par des moyens mnémotechniques dont l'excellence sauve la puérilité. Il n'en est pas moins vrai qu'ils écriront alors avec une lenteur qui les impatientera, mais qui ne durera pas longtemps.

Quand la forme des lettres leur sera familière, ils se verront arrêtés de temps en temps par leur liaison et leur agencement : Ce n'est qu'au bout de quelques semaines de travail que cette nouvelle difficulté disparaîtra plus ou moins vite, selon la fidélité avec laquelle ils auront suivi un conseil très-important, — à savoir, d'écrire rigoureusement et exactement la sténographie pendant leurs études, sans négliger aucun de ses signes ni aucune de ses règles, et sans s'inquiéter d'acquérir une rapidité qui leur arrivera sans y songer.

Lorsqu'ils auront l'habitude d'écrire et de lier les caractères, les progrès se déclareront très-vite, et ils s'étonneront des résultats obtenus. Il leur suffira désormais de s'exercer le plus souvent possible, pour arriver à connaître et à retenir la *physionomie* des mots.

Quand nous écrivons en français, il se fait dans notre mémoire un travail dont nous ne nous rendons pas compte, mais qui n'en est pas moins réel ; une sorte d'instinct nous représente la forme des mots que nous avons à tracer, et notre main les reproduit mécaniquement.

Que nous ayons, par exemple, à écrire le mot *Pierre*, nous le faisons d'un seul jet, et sans que notre esprit le décompose et s'occupe de tracer d'abord un *P*, puis un *i*, puis ses autres lettres. C'est le mot *Pierre* tout entier que nous avons vu et écrit.

De même en sténographie. Tant que pour écrire un mot, nous serons obligés de chercher, l'un après l'autre, les signes qui le forment, nous en serons à l'abécédaire. Quand nous hésiterons à les lier entre eux, nous serons encore novices. Mais quand le mot se présentera à notre imagination avec une forme connue ou immédiatement devinée, il sera aussitôt écrit que prononcé.

Arrivés à ce point, nous serons sténographes, et ce titre s'acquiert moins par des études que par des exercices. C'est sans y penser qu'on devient habile, et en quelques mois, on se trouve posséder un talent dont on peut retirer les plus grands avantages. Il ne faut, en réalité, pour atteindre le succès, que de la patience et de la résolution.

Si l'utilité d'une science a jamais été discutée, ce n'est assurément pas celle de la sténographie. Les services qu'elle peut rendre sont tels, que nous ne comprenons pas qu'elle soit oubliée dans le programme des écoles sérieuses. La devise anglaise : « *Time is money* » est aujourd'hui celle de tout le monde. Notre siècle, qui a conquis la vapeur et l'électricité, sait de quel prix est le temps, qui manque si souvent à nos entreprises. En décuplant la rapidité de la main, en lui permettant d'accompagner la parole, de suivre la pensée de plus près, la sténographie s'impose forcément à l'éducation moderne.

Voici quelques-unes de ses principales applications, en dehors du rôle important qu'elle joue dans la publication des débats de nos assemblées politiques :

Dans l'intérieur des pensions et des colléges, la sténographie, qu'on peut pratiquer facilement dès l'âge de dix ans, permettrait aux élèves des deux sexes de prendre des notes explicites et complètes sur les matières qui leur sont enseignées. Ils pourraient fixer ainsi une grande partie des leçons qui échappent à leur mémoire.

Dans un âge plus avancé, les élèves de droit, de médecine, de théologie, les jeunes gens qui suivent des cours spéciaux recueilleraient facilement les discours des professeurs, dont ils ne conservent souvent que les idées générales.

Les bibliophiles, les savants, les lettrés qui fréquentent les bibliothèques publiques, pour rassembler des notes ou des documents, pourraient, dans un jour, copier en sténographie ce qui leur demanderait une semaine de travail, en dehors de ses procédés.

Parmi les personnes auxquelles la sténographie peut rendre les services les plus éminents, il convient également de citer :

— Les gens de lois, obligés de prendre des notes rapides ; les avocats, qui, sans perdre le fil du discours d'une adverse partie, veulent retenir ses principaux arguments, les incidents de l'audience, ou certaines dépositions ;

— Les journalistes, désireux de reproduire des fragments d'ouvrages dramatiques à leur première représentation, des passages empruntés aux plaidoiries, aux sermons, aux conférences, aux discours académiques, aux toasts officiels ;

— Les voyageurs, curieux de copier des inscriptions qu'ils ne voient qu'en passant, et auprès desquelles ils peuvent à peine s'arrêter. Il n'est pas superflu de constater qu'on écrit bien plus facilement en sténographie qu'en caractères usuels, sous l'influence de la trépidation d'un wagon en marche ou d'un bateau à vapeur ;

— Les chroniqueurs, toujours pressés, à l'affût d'un bon mot, d'un fait divers, et pour qui l'économie de temps est précieuse, en ce qu'elle peut les faire arriver premiers dans le steeple-chase littéraire....

Et bien d'autres qu'il est superflu de citer.

Nous avons vu plus haut qu'il fallait distinguer deux sortes de sténographies, dans toutes les méthodes connues : LA STÉNOGRAPHIE RIGOUREUSE OU EXACTE, — aussi complète que l'écriture ordinaire, aussi claire, aussi nette, et dont tous les sténographes de la même école ont l'intelligence ; — et LA STÉNOGRAPHIE SUFFISANTE, ou notes mnémotechniques que l'on prend à la hâte, quand on veut suivre la parole ou la pensée.

Nous avons vu également que, sous peine d'erreur ou de confusion, les sténographes officiels, qui font de la sténographie suffisante pendant les séances politiques, sont tenus, dans un laps de temps passablement court, de la traduire en écriture usuelle,—ce qu'ils font en outre pour les besoins de l'impression à laquelle leurs comptes rendus sont immédiatement livrés.

Mais on comprend que s'ils ne devaient conserver ces notes que pour leur usage particulier, ou pour celui d'autres sténographes, ils pourraient se contenter de les traduire simplement en sténographie précise, ce qui leur ferait gagner un temps considérable.

L'usage de la sténographie exacte a d'ailleurs des avantages particuliers. Elle permet de garder des notes intimes, qui restent secrètes pour tous les gens étrangers à la sténographie, et d'échanger, entre sténographes, des lettres qui sont à l'abri des mêmes indiscrétions. N'oublions pas que la sténographie exacte, dont on doit se servir de préférence, toutes les fois que cela est possible, est quatre à cinq fois plus rapide que l'écriture ordinaire.

Or, en admettant que la sténographie suffisante double cette rapidité, — nous avons clairement expliqué à nos lecteurs qu'elle ne pouvait être qu'un moyen provisoire, une sorte de transition entre la parole et une écriture plus compréhensible. Prétendre conserver longtemps un discours ou un document en sténographie suffisante, serait imiter les gens qui font un nœud à leur mouchoir, pour se rappeler quelque chose, et qui, quelque temps après, retrouvent bien le nœud, mais non pas l'idée qu'il représente. La sténographie suffisante, même pour son auteur, devient indéchiffrable au bout d'un certain temps.

Elle entraîne, quand on l'emploie, une traduction nécessaire, presque immédiate, et par conséquent une double rédaction. Il en résulte qu'on doit employer directement la sténographie exacte, toutes les fois qu'on le peut et qu'on n'est pas talonné par la nécessité.

La sténographie exacte est d'un usage naturel quand on veut prendre, dans un court délai, des copies de notes importantes, de lettres, de manuscrits qui ne peuvent rester que peu de temps entre les mains; — quand on veut retenir une recette, une ordonnance, un conseil, une recommandation.

Quand un écrivain, — nous supposons qu'il ait du mérite, car sans cela, nous regretterions de lui offrir le secours de la sténographie, — se sent pris d'une heureuse inspiration, il lui importe de n'être pas arrêté par les moyens matériels de la fixer. Les expressions propres, les épithètes colorées se pressent dans son cerveau et lui font redouter un manque de mémoire..... La sténographie suffisante est là; elle calme la tension de l'esprit qu'elle débarrasse de ses préoccupations, et couvre le papier de ses hiéroglyphes. L'accès est enfin passé ; on transforme le griffonnage obtenu en sténographie rigoureuse ou en écriture ordinaire ; on rature, on élimine, on choisit, on dispose enfin avec tact les richesses qu'on a rassemblées et qu'une main trop lente n'aurait pu saisir.

Il se perdra bien quelque chose encore, mais il faut s'y résigner, et la sténographie la plus rapide, essoufflée déjà à suivre l'essor de la parole, ne saurait espérer atteindre celui de la pensée. Aussi est-il un écueil qu'il faut savoir éviter dans le procédé de composition dont nous venons de parler.

La vitesse de l'élocution est une mesure qui permet à une main habile d'écrire une sténographie possible ; la pensée, si on lui donnait le champ libre, ferait prendre le mors aux dents à la plume impuissante ; si l'on ne réglait sa rapidité, il ne resterait de ces violences qu'un grimoire effroyable, dans lequel l'esprit égaré retrouverait à peine quelques phrases tronquées, quelques mots échappés à la débâcle. Il faut donc garder une certaine modération et ne pas oublier que la première condition de l'écriture est d'être lisible.

Jetons maintenant un coup d'œil sur l'origine historique de la sténographie et sur les phases qu'elle a parcourues pour arriver jusqu'à nous.

La sténographie, très-probablement renouvelée des Grecs, était pratiquée chez les Romains, qui en avaient fait une science précise, avec des règles et des principes arrêtés. Tiron, célèbre affranchi de Cicéron, très-épris du talent de son maître, la perfectionna singulièrement, ce qui lui permit de recueillir les discours du grand orateur. Mais les *Notes Tironiennes* ne sauraient être regardées comme l'origine de la sténographie, car Plutarque affirme que Xénophon, Socrate et ses disciples en connaissaient l'usage.

Les notes tironiennes ne s'employaient pas seulement à suivre la parole; elles étaient affectées au libellé des actes publics, des contrats, des conventions que les particuliers faisaient écrire sous leur dictée. L'écrivain les traduisait ensuite à loisir et leur donnait la forme exigée par le droit romain.

On s'occupa peu de sténographie pendant les temps de barbarie et d'ignorance du moyen âge, alors que les chevaliers signaient leur nom en frappant les parchemins du pommeau de leur épée. Cette science, comme toutes les autres, fut conservée dans les couvents, où l'on n'en faisait guère usage qu'à titre de curiosité. Sa connaissance ne s'étendait pas au-delà d'un cercle de privilégiés. Dom Carpentier, savant bénédictin, a donné la clé de l'alphabet tironien, que l'on trouve employé dans quelques vieux manuscrits gaulois, dans des chartes, des capitulaires, et notamment dans les œuvres de saint Cyprien, qui écrivit ainsi l'histoire de plusieurs martyrs. Nous n'en parlons que par respect pour la tradition, car nous ne comptons faire aucun emprunt à la méthode antique.

Ramsay introduisit le premier en France une méthode publique de sténographie, due à l'Anglais Shelton, et à laquelle il donnait le nom de *Tachéo-*

graphie. Il fit hommage de son ouvrage à Louis XIV, qui ne l'honora pas d'une grande attention. Ce traité, d'ailleurs assez aride, représente les consonnes par des traits simples, et les voyelles par des espaces convenus, ménagés dans les mots. Le défaut capital de ce système est de ne pas lier les caractères entre eux, ce qui nuit singulièrement à la rapidité de l'écriture.

Cette sténographie, dite syllabique, produisit la méthode de Vidal, en 1819, et vers la même époque, l'*Oxigraphie* de Blanc, qui consiste à écrire les consonnes sur une portée musicale, dont les différentes hauteurs désignent les voyelles. Mais ce procédé exige de fréquentes levées de plume, ce qui entraîne des retards fâcheux.

Les sténographes français qui ont suivi la méthode Ramsay-Shelton ne se sont pas rendu un compte suffisant de la différence de formation des langues anglaise et française. La suppression des voyelles peut, à la rigueur, s'admettre dans l'anglais, où elles jouent un rôle secondaire ; mais elle ne peut s'opérer en français qu'aux dépens de la clarté de l'écriture, et c'est un des plus graves écueils que les sténographes doivent éviter.

Il en résulte que, pour être logiques et user de tous leurs avantages, les sténographies de ces deux pays doivent différer dans leurs procédés. Le *Shorthand* anglais, ou sténographie moderne encore usitée, ne s'écrit guère qu'avec les consonnes des mots, ramenées à leur simple articulation. Cette méthode laisse peu à désirer comme rapidité, mais les monogrammes ainsi formés présentent de grandes difficultés à la lecture. Elle ne peut être employée que par des gens doués d'aptitudes singulières, et nous doutons qu'elle puisse jamais devenir populaire.

Nous allons voir suivre à la sténographie française une route différente, bien que son origine soit à peu près la même. Ce n'est que vers la fin du xviiie siècle que le désir de conserver des morceaux d'éloquence, des plaidoyers célèbres ou des discours politiques, attira l'attention vers un art trop longtemps négligé. La sténographie commença à prendre quelque notoriété sous le Directoire. Elle languit sous le règne du sabre, et ce n'est que quand la Restauration rendit à la presse et à la tribune une liberté relative, qu'elle se répandit dans quelques classes privilégiées. Le service sténographique du *Moniteur* date de 1817.

Le système de sténographie de-l'anglais Taylor, publié en 1786, fut vulgarisé en France par MM. Bertin et Coulon-Thévenot. Ses principes, modifiés par leurs successeurs, ont servi de base, depuis cette époque, à la plupart des sténographies françaises. Nous citerons dans le nombre la sténographie méthodique de Montigny, la sténographie exacte de Conan de Prépéan, celles de MM. Astier, Chauvin, Lagache, Midy, Prévost, Breton, et enfin celle d'Aimé Paris dont nous nous honorons de descendre.

Nos lecteurs s'étonneront sans doute du grand nombre de ces méthodes, et demanderont les raisons qui peuvent guider dans le choix de la meilleure.

Il est facile de répondre à la première objection

que mille routes peuvent conduire au même but, et
que les professeurs sont naturellement enclins à
modifier les sciences qu'ils enseignent, — d'après les
idées propres qui leur font voir les choses sous un
jour particulier. Aussi, presque toutes ces méthodes
sont-elles ingénieuses, bien que quelques-unes présentent aux élèves de grandes difficultés.

La sténographie, comme la langue des dictionnaires, a suivi une marche logique vers le perfec-
tionnement. Un très-habile sténographe, M. Breton, constate que les systèmes de sténographie ont
pullulé depuis cinquante ans, et se sont améliorés
en s'empruntant mutuellement leurs découvertes.
Il faut donc rendre à nos devanciers l'hommage qui
leur est dû.

La science sténographique est telle, d'ailleurs, que
dès qu'un élève est familiarisé avec ses règles, il
peut, en un quart d'heure, se créer une sténographie de son invention, qui lui reste personnelle. Il
lui suffit, pour cela, de transposer la valeur des
signes, relativement aux syllabes françaises, — ou
bien de forger des signes spéciaux à son usage. Cela
ne saurait présenter aucune difficulté. La sténographie appartient donc à tout le monde. Mais l'élève
fera sagement de s'en rapporter à nous, pour avancer dans la route la plus sûre, d'autant que nous ne
comptons pas lui imposer nos principes, mais lui
développer les raisons qui doivent les lui faire
accepter.

La sténographie n'a que trop de tendances à devenir personnelle. Sous la main d'un sténographe,

elle prend un accent tout individuel; ses traits, ses courbes s'inclinent ou se dessinent, suivant les inclinations et le caractère des gens. C'est, du reste, ce que l'on constate également dans l'écriture ordinaire.

Une des sténographies les plus répandues est celle de Bertin, perfectionnée par M. Breton. Elle est fort rapide, mais elle autorise la suppression des voyelles, qu'elle remplace par une sorte de ponctuation dans les mots où l'on ne saurait s'en passer. Une plume pressée pose souvent les accents d'une façon équivoque, et il en résulte des obscurités inévitables. Nous ne trouvons donc pas à cette méthode les qualités qui doivent caractériser une science destinée, selon nous, à prendre une extension considérable et à devenir populaire dans des temps rapprochés.

Nous appuierons cette opinion d'un exemple précis, — qu'il ne convient pas de donner avant la fin du chapitre suivant.

La sténographie que nous enseignons renferme tous les éléments voulus pour former une écriture complète et rigoureuse, tout en luttant de vitesse, sous une plume exercée, avec les meilleures sténographies syllabiques. Elle se prête au besoin, avec une admirable facilité, aux abréviations que la question de temps nécessite, — mais par elle-même, elle est d'une exactitude absolue.

Elle a des rapports intimes, ainsi que nous l'avons déjà dit, avec la sténographie qu'enseignait publiquement le savant et regrettable Aimé Paris, de 1830 à 1850.

A cette même époque, un bibliographe distingué, M. Clouzet aîné, répandait à Bordeaux le même système et faisait d'excellents élèves. Nous lui devons quelques moyens mnémotechniques, applicables à la sténographie, que nous avons légèrement modifiés.

Nous nous sommes écartés de M. Aimé Paris sur des points principaux. Nous avons conservé la plupart des relations qu'il établissait entre les sons de notre langue et les signes choisis pour les représenter. Mais il portait à quinze le nombre des voyelles françaises, que nous ne nous faisons aucun scrupule de réduire à sept.

Nous nous éloignons aussi de son opinion, quand il conseille d'apprendre à lire la sténographie avant de l'écrire ; — les deux études se feront chez nous en même temps (*).

____

(*) M. Aimé Paris a publié en 1862, en collaboration avec M. Henri Queyras, une brochure de 24 pages « La Sténographie popularisée » où les principales règles de la sténographie que nous enseignons sont résumées d'une manière très-précise.

TROISIÈME LEÇON

—

Nous ne retarderons pas davantage notre entrée
en matière.

La sténographie doit la rapidité qui lui est spéciale,
et qui constitue ses avantages et sa raison d'être, à
deux conditions principales, qui la différencient de
l'écriture ordinaire :

Elle remplace les lettres usuelles par des caractères beaucoup plus simples et tout à fait élémentaires, d'un tracé immédiat et d'une liaison facile,
chacun se réduisant à un trait de plume.

Elle classe les sons et les articulations par catégories générales, en ne tenant compte que des différences marquées qui les séparent, de façon à en
réduire le nombre autant que possible, sans qu'il en
puisse advenir cependant aucune confusion. Elle ne

néglige aucune prononciation particulière, mais elle ne s'inquiète point des inflexions qui sont indiquées par l'emploi des accents, ou des conventions orthographiques qui remplacent une voyelle par une diphthongue. — *O — oh — eau — haut — au —* peuvent être, par conséquent, représentés en sténographie par un signe commun.

En donnant ainsi à une lettre le privilége de représenter tous les sons ou toutes les articulations à peu près semblables, la sténographie ne reconnaît à aucun autre caractère le droit d'empiéter sur ses attributions. Plus de lettres doubles, ni de lettres différentes qui puissent exprimer le même son. Aussi son orthographe est absolument indiquée par la prononciation et ne peut donner lieu à aucune incertitude. Les lettres inutiles sont élaguées; un rôle unique est assigné aux autres, sans exception ni modification possibles, quel que soit le milieu dans lequel elles se trouvent. Cela débarrasse de bien des incertitudes.

Il en résulte que les caractères sténographiques représentent un son, une articulation, — et non pas telle ou telle lettre, voyelle ou consonne. On comprend, en effet, que le к, le qu, le c *dur*, puissent être exprimés par un seul et même signe. — *Camp, quand, khan, cancans,* — sont des articulations similaires qu'il est inutile de différencier dans notre écriture rapide. — Il en est de même d'une grande quantité de sons qu'on peut ramener au même type : l'è, l'ê, les diphthongues ei, ai, les finales ets, etz, ait, aient, peuvent se traduire par l'é.

Il y a donc deux règles principales qui sont l'essence même de la sténographie :

1° Ramener les mots à une orthographe simple et uniforme, que nous appellerons, pour la facilité de nos démonstrations, ÉCRITURE OU ORTHOGRAPHE LOGIQUE, — orthographe telle, qu'en entendant un son, une articulation, un mot quelconque, étranger ou nouveau, — sans le connaître, sans le comprendre, — nous pourrons désigner aussitôt, sans erreur possible, les caractères qui doivent le représenter.

2° Trouver et employer pour cette représentation les signes les plus simples et les plus rapides à tracer.

Cela étant bien compris, il nous a semblé qu'un des écueils de l'étude de la sténographie était l'obligation qu'on veut imposer aux élèves, dans les méthodes ordinaires, de se conformer, dès le début, aux deux règles à la fois. Ils sont obligés d'élaguer les lettres inutiles des mots qu'ils ont à écrire, de rectifier les caprices de leur orthographe, de les ramener à *l'écriture logique,* et en même temps de représenter leur forme nouvelle par des signes qui ne leur sont pas familiers. C'est là une besogne compliquée qui doit les troubler, et que nous avons jugé à propos de diviser.

Nous avouons, dès à présent, que c'est sur cette division que nous comptons, pour assurer les progrès de nos élèves, et leur apprendre la sténographie, en leur épargnant la majeure partie des difficultés de cette étude. Oublions pour un moment la fin que nous

nous proposons, et la transformation que nous ferons subir plus tard aux caractères usuels, pour les traduire en signes sténographiques. Renfermons-nous dans l'usage de l'écriture française, et cherchons de bonne foi de quelle façon nous pourrons la simplifier et l'amener à son expression la plus simple et la plus logique.

L'écriture française ordinaire représente par des caractères convenus les sons dont les mots se composent ; elle est du moins censée le faire. Mais cette définition est dénaturée par les conventions orthographiques, qui modifient la prononciation des lettres, d'après la place qu'elles occupent ou les mots dont elles font partie.

C'est cette écriture que nous voulons réformer, de façon à donner à ses éléments une valeur absolue, et à les réduire autant que possible. Nous arriverons à créer ainsi une écriture d'une logique rigoureuse, et quand nous en aurons la parfaite intelligence, nous aborderons avec des facilités extrêmes l'étude de la sténographie.

Trouver cette écriture n'est peut-être pas aussi facile qu'on l'imagine. Il faut revenir du complexe au simple, de la convention à l'absolu, des exceptions à la règle. Notre premier soin doit être d'arrêter et de définir les sons de la langue, et les lettres qui doivent les représenter. Il nous faut oublier en quelque sorte l'orthographe française, ou du moins l'abandonner provisoirement et ne tenir compte d'aucune de ses réminiscences. Le proverbe gascon

« Toutes les lettres sont faites pour se prononcer, » sera vrai dans notre écriture exacte, et nous ajouterons, comme corollaire : « Il ne faut écrire que les lettres qui se prononcent. »

Il ne faut pas craindre qu'une étude pareille puisse nuire en rien aux principes d'orthographe française acquis par les élèves. La distance est trop grande entre les deux écritures, pour que l'une porte tort à l'autre. Si l'on peut blâmer, à ce point de vue, les exercices de cacographie des lycées, où la vue est séduite par la figure de mots vicieux, légèrement altérés, il n'en est pas de même dans les bouleversements apportés par notre écriture logique à la formation des mots; ils en changent absolument la physionomie et leur donnent l'aspect d'une langue étrangère. Il ne saurait donc en résulter aucune influence pernicieuse, d'autant que cette écriture n'est qu'une transition pour aborder la sténographie proprement dite.

Nous allons donc passer l'alphabet en revue :

Nous donnerons un son toujours uniforme et nettement accusé aux cinq voyelles A — E — I — O — U, dont nous supprimerons tout à fait les accents. Elles représenteront le son qui leur est particulier, qu'il soit grave, doux, ou légèrement modifié par des terminaisons. Ainsi, avec l'A nous écrirons *ba, déba,* — pour *bas, bât, débats,* sans nous mettre en peine des nuances.

L'E, que nous prononçerons toujours clair, comme dans *café,* remplacera les E accentués de toute nature, fermés, ouverts ou circonflexes, ainsi que les diphthongues produisant un son analogue, et les finales dans lesquelles ce son prédomine. Cette règle est des plus importantes, et nous écrirons *cle, cafe, proce, dece, intere, pane, nave, ete, ave,* — pour *clé, café, procès, décès, intérêts, panais, navet, été* ou *était* ou *étaient, avait* ou *avaient,* — sans qu'il puisse y avoir confusion, le vrai sens du mot étant indiqué par la phrase.

En supprimant les accents de l'E, nous aurions à craindre de le confondre avec l'E muet, si nous ne convenions de supprimer celui-ci, comme inutile à notre écriture. Le nom qu'on lui donne, en effet, marque son rôle effacé, et il est entendu que nous n'avons besoin d'écrire que les lettres qui s'affirment. Il s'élimine souvent, d'ailleurs, au moyen de l'apostrophe, et nous pouvons hardiment y renoncer tout à fait.

Cela nous oblige, il est vrai, à prêter aux consonnes une articulation propre et personnelle, quoique leur nom indique qu'elles ne sonnent qu'en se rapprochant des voyelles. Nous leur donnerons le son uniforme, adopté dans la plupart des écoles modernes, et nous renoncerons à la tradition qui leur accordait des noms de fantaisie : *Bé, cé, dé, éfe, gé, hache, ji, ka, éle;* etc., etc.

Nous dirons plus naturellement : *Be, De, Fe, Je, Le, Se,* quand nous trouverons B, D, F, J, L, S, sur notre passage. Il en arrivera que les monosyllabes *de, te, se, me, ne,* qui se rencontrent si fréquemment dans notre langue, s'exprimeront avec une seule lettre *d, t, s, m, n,* à laquelle nous donnerons sa simple prononciation alphabétique.

Nous écrirons donc *fet, etr, paretr, jem,* — pour *fait* ou *fête, être, paraître, j'aime,* — sans aucune appréhension. Les consonnes qui ne précéderont aucune voyelle se prononceront comme si elles étaient suivies de l'E muet.

L'I, l'o et l'u généraliseront aussi leur emploi, et serviront à tous les mots qui les renferment, sans préoccupation d'accent. Ils remplaceront, en outre, les diphthongues dont l'articulation se rapprochera de leur son particulier. L'o simple prendra la place des sons AU, EAU, AULX, ÔT, et nous écrirons *buro, galo, ro, so,* — pour *bureau, galop, rôt, sot* ou *saut;* — *rit, git, mit,* — pour *rite, gîte, mythe;* — *lut, flut,* — pour *luth* ou *lutte* et *flûte.*

On voit, par le mot *mythe* que nous venons de citer, que l'Y se remplace par l'I. Nous supprimerons, en effet, cette lettre inutile, à laquelle on peut renoncer sans inconvénient.

Nous avons, par ces conventions, étendu et simplifié l'usage des voyelles principales, mais nous avouerons de bonne foi qu'elles ne peuvent suffire à la langue française, et nous nous occuperons de leur donner des auxiliaires.

Il est deux sons français très-usités, qui sont indivisibles, quoiqu'on emploie deux lettres pour les exprimer. Ce sont les sons EU et OU, qu'on range à tort parmi les diphthongues, car les voyelles qui les composent sont détournées de leur rôle naturel, et, par une convention bizarre, forment des sons nouveaux simples, étrangers à leurs sons natifs. — Ainsi EU est complétement distinct de É et de U ; — OU diffère absolument de O et de U.

Il est certain qu'en bonne logique, un son précis, tout à fait spécial, doit être représenté par une seule lettre, et la sténographie ne se fera pas faute de l'écrire ainsi. — Mais comme il serait peut-être hardi de créer en français des lettres nouvelles, nous conviendrons d'indiquer en écriture logique les voyelles simples EU et OU par ces mêmes lettres soulignées. Cette indication « EU et OU » voudra dire que le son des deux lettres est simple, comme dans *feu* et *four*.

L'E muet, déjà supprimé, présente à l'oreille un son analogue à celui de EU. Mais ce dernier est évidemment plus sonore, et nous ne saurions l'abandonner, sans nous exposer à de dangereuses obscurités. Il faut que nous puissions écrire sûrement *vœu, œil, aveu, cheveu, peu.* Cette voyelle est donc nécessaire. On remarquera, par quelques-uns des mots précédents que, comme les cinq sons principaux, elle joue un rôle multiple, puisqu'elle remplace au besoin les lettres ŒU et ŒI, qui, d'ailleurs, se prononcent EU.

Il serait inutile de chercher en français d'autres sons que ceux que nous venons de citer. Nous devons donc borner nos découvertes aux sept voyelles suivantes :

A — E — I — O — U — EU — OU.

Il est sans doute d'autres diphthongues dans notre langue, et la plupart ne comptent même que pour une syllabe. Mais aucune ne présente de sons étrangers aux précédents, quand on la décompose. Tantôt, elles empruntent ces sons aux lettres qui les forment, comme dans *liard, cieux, pion, fier,* — et alors on écrit à la file les lettres qu'elles renferment et qui se prononcent; — tantôt, elles possèdent un son particulier, étranger à leur orthographe, et on le représente par les lettres affectées à sa prononciation logique. Ainsi nous écrirons *red, petr, retr,* — pour *raide, paître, reitre;* — *pan* et *fan,* — pour *paon* et *faon;* — *glouar* et *memouar,* — pour *gloire et mémoire.*

Cette dernière transformation étonnera peut-être nos lecteurs, mais ils ne doivent en accuser que l'extravagance de l'orthographe usuelle; car oi ne se prononce logiquement que dans *égoïste* et *zoïle;* il n'a aucune raison pour sonner comme ou-a dans *gouache.*

Quoique nous ne fassions pas un cours de linguistique, il nous faut dire quelques mots d'un assemblage de voyelles qui ne peut cependant passer pour une diphthongue. Il s'agit de l'ue des mots *que, meringue, gueux,* etc., etc. L'u qui précède l'e muet n'est là que pour préciser l'articulation de la consonne qui précède. Comme dans notre écriture logique, les articulations ne varient pas, l'u devient inutile; or l'e muet se supprime toujours. On écrira donc *q* et *mring.* — Dans *gueux,* c'est autre chose. Le premier u n'est pas suivi seulement de l'e muet, mais de la sixième voyelle EU. Il faudra écrire *geu*, car ainsi que nous le verrons plus loin, le G sera toujours dur.

Il semble, au premier abord, que nous prenions un singulier moyen de simplifier l'écriture, en portant à sept le nombre des voyelles, qui n'est que de cinq ou six dans l'alphabet ordinaire. Mais cette considération est secondaire, et nous cherchons l'écriture logique à travers toutes les difficultés, ne nous inquiétant que d'atteindre le but.

Il faut avouer courageusement que les sept voyelles acquises ne suffisent pas encore, et qu'il est, en français, des intonations accessoires qu'elles sont impuissantes à représenter. Ces intonations, il est vrai, ne sont pas originales ; elles sont formées des voyelles déjà connues, prononcées du nez, et pour cette raison sont dites nasales. Les mots *champ, rien, lion, chacun*, nous en offrent des exemples.

Il est facile de voir que les sons AN, EN, ON, UN, prononcés comme dans les mots cités, ne sont ni des voyelles ni des consonnes proprement dites. Il faut donc leur affecter une désignation particulière.

On est naturellement porté à convenir que ces sons nasals se représenteront par la voyelle qu'ils font sonner, marquée d'un signe distinctif. A cet égard nous n'inventons rien. L'ancienne orthographe française ne s'écrivait pas autrement, et dans les vieux livres, comme dans les manuscrits du moyen-âge, on voit écrit les mots *France, bâton, considération,* — *Frace, bato, cosidératio* — sans que cela nuise à l'intelligence de l'ouvrage.

Il est donc convenu que, pour rendre un son nasal, nous n'aurons qu'à le surligner. Nous écrirons *chat* et *champ*, — *cha* et *cha̅;* — *peau* et *pont, po* et *po̅;* — comme le faisaient nos pères.

Nous devons maintenant appeler l'attention de nos lecteurs sur une irrégularité, qu'il suffira de leur signaler, pour leur faire éviter toute erreur. Aɴ et oɴ sont les sons nasals de ᴀ et de ᴏ, cela va sans dire; mais ɪɴ et ᴜɴ sont les sons nasals de ᴇ́ et de ᴇᴜ.

En y réfléchissant, et surtout en prononçant ces dernières voyelles du nez, on se rendra compte que nous n'avançons rien qui ne soit exact, et que dans les mots *jardin, alun,* et autres de même formation, se sont les voyelles ᴇ́ et ᴇᴜ qui sont nasalisées.

Il faut remarquer, d'ailleurs, que dans un grand nombre de mots : *bien — rien — lien — soutien,* — le son de l'ᴇ devient nasal directement; mais c'est également le même son qui se fait entendre dans *fin, matin, serein,* et un très-grand nombre de mots de même orthographe.

Nous n'appuierons pas sur quelques exceptions que l'intelligence de nos lecteurs devinera. Il est certain que dans *précédent, sens, négligent,* et dans tous les mots terminés en *ment,* le son final est ᴀɴ, malgré l'écriture. Nous le représenterons par conséquent par la voyelle ᴀ̅ surlignée, en nous conformant à la seule prononciation, comme toujours.

Les voyelles ɪ, ᴜ, ᴏᴜ ne s'emploient pas en français avec la prononciation nasale, si l'on en excepte peut-être l'imitatif *Boum!* qui pourrait bien être l'ᴏᴜ nasal.

Comme curiosité, on peut trouver un ɪ nasal dans

l'*IN nomine Patris*. Enfin l'u nasal est fort employé dans les patois gascons. Mais, comme nous ne nous en occupons pas, nous bornerons nos acquisitions aux quatre sons nasals que nous avons fait connaître.

Avec les sept voyelles principales, ils nous suffiront à écrire le français, — avec l'aide toutefois des consonnes que nous allons passer en revue.

Les consonnes

B — D — F — J — L — M — N — P — R — V — Z

conserveront la prononciation qu'on leur donne dans l'alphabet français, sans aucune modification possible.

Le c sera toujours dur, comme dans *carrosse, cortége, cuisine,* même devant l'E et devant l'I. L'usage de la cédille est naturellement abandonné. Il remplacera dans tous leurs emplois le K et le Q, qui sont absolument supprimés. Ainsi, *qui* et *que* s'écriront *ci, ce* ou mieux *c* seul, — puisque l'E muet se néglige ; — *kabyle, kiosque, question,* s'écriront *cabil, ciosc, cestio*. Cela effarouche l'œil d'abord, mais on s'y fait assez rapidement.

Le c remplacera également le CH dur, tel qu'on le prononce dans *chaos, chaldéen,* qui s'écriront *cao, caldee*. Ces sons sont en effet similaires.

Le G sera aussi toujours dur, sans qu'il soit besoin de le faire suivre d'un u pour l'indiquer, il se prononcera comme dans *gargarisme, Golgotha,* même quand il sera placé devant les voyelles E et I qui l'adoucissent ordinairement. Il en résulte qu'on écrira *guérir, guitare, guenon, — gerir, gitar, genō.* Dans les mots où il a un son doux, il sera naturellement remplacé par le J, et l'on écrira *genoux, gigot, — jenou, jigo.*

Quatre lettres se suppriment absolument et disparaissent de l'alphabet, — K, Q, H et X.

Les deux premières sont remplacées dans tous leurs usages par le C; — la troisième n'est d'aucune utilité. Les mots dans lesquels elle modifie le son de P, pour lui donner le son de F, comme dans *phare, physique, phosphore,* s'écriront avec un F : — *far, fizic, fosfor.*

Le X se remplace par les lettres qui représentent son articulation dans les mots où il est employé, — CS ou GZ. Ainsi l'on écrira *exprès, excès, extraordinaire, —ecspre, ecse, ecstrordiner,* en changeant X en CS; et *exemple, exercice, exigence, — egzāpl, egzersis, egzijās,* en le changeant en GZ.

Le S se prononcera toujours comme dans *serpent, sür, sortie.* Il remplacera le C dans tous les mots où celui-ci est doux ou cédillé. Ainsi l'on écrira *celui-ci, ça, cerceau, — slui si, sa, serso.* Il prendra également la place du T, dans les mots où cette dernière consonne emprunte son articulation. Ainsi, l'on écrira *nation, initié, contentieux, — nasīo, inisie, cōtāsieu.*

En rēvanche, le son de S ne changera jamais, quel que soit son entourage de voyelles; il cédera sa place à Z dans les mots où le Z se prononce : — *saisir, saison* s'écriront *sezir, sezō.*

Les consonnes doubles se réduiront à une seule,

malgré la légère altération qui peut en résulter dans la prononciation des mots.

En récapitulant les notes précédentes, nous voyons que nous sommes arrivés à éliminer quatre consonnes sur les dix-neuf que possède l'alphabet français, et à ramener les autres à une articulation toujours uniforme. Mais il faut dire, ainsi que nous l'avons fait pour les voyelles, que les quinze consonnes restantes ne sont pas tout à fait suffisantes pour écrire notre langue, et qu'il est des sons accessoires que nous n'avons pas le droit de négliger.

Ce sont les suivants :

CH doux, articulation simple, utile pour écrire *chat*, *chose*, et nombre de mots d'orthographe analogue.

L mouillé, difficile à remplacer dans *fille*, *pillage*, *million*, *œil*, etc., etc.

GN doux, comme dans *mignon*, *rognon*, *encoignure*.

Nous convenons que ces deux dernières articulations peuvent à la rigueur se négliger ; mais il pourrait en résulter des équivoques, et nous ne voulons sacrifier que des nuances.

Nous placerons donc ces trois consonnes nouvelles au rang des précédentes, et pour qu'on ne les confonde pas avec les lettres dont elles sont formées, nous les soulignerons, pour indiquer qu'elles ont un son spécial.

Nous voici donc possesseurs de dix-huit consonnes, chacune ayant une action spéciale et distincte.

Dressons-en la liste :

B – C – D – F – G – J – L – M – N – P – R – S – T – V – Z – CH – L – GN.

A ces articulations il faut joindre nos sept voyelles :

$$A - \grave{E} - I - O - U - EU - OU$$

et quatre sons nasals :

$$\overline{A} - \overline{E} - \overline{O} - \overline{EU} \text{ pour } AN - IN - ON - UN.$$

Ces éléments doivent nous suffire pour écrire le français, d'une manière absolument logique, sur la simple audition des mots.

C'est ce que nous allons essayer de faire, et ce que nos élèves voudront bien chercher avec nous. Qu'ils ne perdent pas de vue que toutes les lettres qui peuvent s'enlever d'un mot, sans en altérer la prononciation, se suppriment de plein droit.

Nous prendrons pour texte de notre premier essai le début du Télémaque, et nous discuterons l'un après l'autre les mots qu'il renferme.

Calypso ne pouvait se consoler du départ d'Ulysse. Dans sa douleur elle se trouvait malheureuse d'être immortelle. Sa grotte ne résonnait plus de son chant. Les nymphes qui la servaient n'osaient lui parler.

Calypso	Rien à changer, sauf l'Y en I : **Calipso**.
ne	Le N sonnant seul, nous supprimons l'E muet.
pouvait	N'oublions pas que l'OU devrait se représenter par un seul signe, comme étant un son simple ; nous

l'indiquerons en le soulignant; la finale AIT se remplacera par un E : **pouve**.

se	Suppression de l'E muet.
consoler	ON, son nazal de O, s'écrira O, suivant l'orthographe ancienne; le R final, qui ne se prononce pas, se supprime : **cosole**.
du départ	Rien à changer, sauf le T final qui s'enlève.
d'Ulysse.	L'apostrophe et la finale SE disparaissent, comme inutiles; l'Y se change en I : **dulis**.
Dans	ANS, son nazal de A, s'écrira A : **da**.
sa douleur	Rien à changer, mais les sons simples OU et EU se souligneront, comme pouvant s'exprimer par un seul signe chacun : **sa douleur**.
elle	LE finale supprimé : **el**.
se	Suppression de l'E muet.
trouvait	Comme il est expliqué plus haut pour **pouvait** : **trouve**.
malheureuse	Deux sons simples EU à souligner; la finale SE à changer en Z; l'H disparaît : **maleureuz**.
d'être	L'E muet se supprime, ainsi que l'apostrophe : **detr**.
immortelle.	Le second M et LE finale se suppriment : **imortel**.
Sa grotte	Suppression du final TE : **sa grot**.
ne	Suppression de l'E muet.

résonnait	Les quatre dernières lettres se remplacent par un E : **resone**.
plus	Suppression de l's qu'on ne prononce pas : **plu**.
de	Suppression de l'E muet.
son chant.	Deux sons nasals, ON et ANT à remplacer par ō et ā. Le CH, articulation simple, se souligne : **sō chā**.
Les	Le s s'enlève.
nymphes	YM, son nasal d'E, se remplace par E ; les quatre dernières lettres par un simple F : **nēf**.
qui	Le c, toujours dur, se substitue au QU : **ci**.
la servaient	Rien ne change que la finale AIENT remplacée par E : **la serve**.
n'osaient	Même changement de finale ; le s devient z ; l'apostrophe se supprime, **nose**.
lui parler.	Suppression du R final.

De sorte que nous écrirons :

Calipso n pouve s cōsole du depar dulis. Da sa douleur el s trouve maleureuz detr imortel. Sa grot n resone plu d sō chā. Le nēf ci la serve noze lui parle.

Si nos élèves ont prêté quelque attention au début de cette leçon et aux principes sur lesquels nous avons basé la formation de l'écriture logique, la contexture et l'aspect inaccoutumés de ces quelques lignes les choqueront sans les étonner, — car on y voit simplement mettre en pratique les règles que nous nous sommes imposées.

Ils devront éprouver peu de difficultés par conséquent pour lire et pour écrire le français dans cette orthographe nouvelle, et nous les engageons à s'y exercer. Pour leur permettre de le faire plus facilement, et pour qu'ils puissent comparer leur travail à un type exact, nous allons donner quelques exemples de cette transformation d'écriture. Nous emprunterons à Victor Hugo une de ses légendes. La voici d'abord avec l'orthographe de convention.

BOOZ ENDORMI.

Booz s'était couché de fatigue accablé ;
Il avait tout le jour travaillé dans son aire,
Puis avait fait son lit à sa place ordinaire ;
Booz dormait auprès des boisseaux pleins de blé.

Ce vieillard possédait des champs de blés et d'orge ;
Il était, quoique riche, à la justice enclin ;
Il n'avait pas de fange en l'eau de son moulin ;
Il n'avait pas d'enfer dans le feu de sa forge.

Sa barbe était d'argent comme un ruisseau d'avril.
Sa gerbe n'était point avare ni haineuse ;
Quand il voyait passer quelque pauvre glaneuse :
Laissez tomber exprès des épis, disait-il.

Cet homme marchait pur, loin des sentiers obliques,
Vêtu de probité candide et de lin blanc ;
Et, toujours du côté des pauvres ruisselants,
Ses sacs de blé semblaient des fontaines publiques.

> Booz était bon maître et fidèle parent ;
> Il était généreux, quoiqu'il fut économe ;
> Les femmes regardaient Booz plus qu'un jeune homme,
> Car le jeune homme est beau, mais le vieillard est grand.
>
> Le vieillard, qui revient vers la source première,
> Entre aux jours éternels et sort des jours changeants ;
> Et l'on voit de la flamme aux yeux des jeunes gens,
> Mais dans l'œil du vieillard on voit de la lumière.

Nos élèves devront traduire ces vers en écriture logique, sans consulter bien entendu le modèle qui va suivre. Si quelque mot les embarrasse, ils se reporteront aux observations que nous avons faites sur chaque lettre de l'alphabet ; ils prononceront le mot à haute voix, de façon à le bien entendre, et ils trouveront naturellement les lettres qui doivent en traduire les sons. Rien d'inutile, uniformité absolue dans l'articulation des lettres — sont les seules règles à suivre.

Ils peuvent, à leur gré, maintenir ou négliger les liaisons qui enchaînent les mots ; toutefois, il est préférable de les supprimer et de s'en remettre au lecteur du soin de les rétablir au besoin. Quand ils auront terminé leur travail, ils le compareront aux lignes suivantes et se rendront compte des fautes ou des oublis qu'ils auront pu commettre.

BOOZ ADORMI.

> Booz sete couche d fatig acable ;
> Il ave tou l jour travale dā sō er,
> Pui ave fe so li a sa plas ordiner,
> Booz dorme opre de bouaso plē d ble.

S vielar posede de chā d ble e dorj;
Il ete couac rich a la justis aclē;
Il nave pa de faj ā lo d sō moulē;
Il nave pa dāfer dā l feu d sa forj.

Sa barb ete darjā com eu ruiso davril.
Sa gerb nete pouā avar ni eneuz
Cā il vouaie pase celc povr glaneuz :
Lese tobe ecspre de epi dizetil.

Set om marche pur louā de satie oblic,
Vetu d probite cādid e d lē blā;
E, toujour du cote de povr ruiselā,
Se sac de ble sāble de foten public.

Booz ete bō metr e fidel parā;
Il ete genereu couacil fu econom;
Le fam regarde Booz plu ceu jeun om,
Car l jeun om e bo me l vielar e grā.

Le vielar ci reviē ver la sours prmier,
Ātr o jour eternel e sor de jour chajā;
E lō voua d la flam o zieu de jeun jā
Me dā leul du vielar ō voua d la lumier.

Quelques-uns des mots précédents ont pu paraître
bizarres, comme physionomie, aux yeux de nos lecteurs, quoiqu'ils s'accordent absolument avec les
règles que nous avons adoptées, et qu'ils n'aient pas
besoin d'être défendus. Dans *ādormi*, *āclē*, — pour

endormi et *enclin,* nous voyons une transformation naturelle de syllabes d'une orthographe conventionnelle en sons nasals logiques. — Dans le premier vers, le G, toujours dur, remplace la finale GUE. — UN se transforme en EU nasal; le L mouillé se souligne dans *traval, vielar,* EUL, pour *travail, vieillard, œil;* — *pouā* rectifie l'orthographe capricieuse de *point.*

On est quelquefois entraîné à prendre pour des sons nasals des finales où le N figure, comme dans *fontaine, chicane, automne.* On évitera cette erreur en comparant le son de ces finales à celui des voyelles vraiment nasales de même nature : *soutien, parent, fronton.* Toute incertitude disparaîtra, et l'on écrira la finale avec la voyelle simple qu'elle renferme et la consonne qui la suit : *foten, chican, oton.*

Il est en outre choquant de voir le c dur devant les voyelles E et I. On s'effarouche de voir écrire *celc* pour *quelque, celceu* pour *quelqu'un, couacil* pour *quoiqu'il.* Mais si l'on se rappelle que le c remplace le K et le z dans tous leurs usages, on s'habituera bientôt à lui donner le son dur qui lui appartient.

Vouaie s'explique de lui-même, car dans le mot *voyait,* malgré l'orthographe française, ce sont bien ces quatre voyelles successives qui sonnent après le v qui commence le mot. Il est facile d'en détailler les sons.

Enfin, on pourra nous reprocher d'avoir écrit *disetil* et *zieu,* après avoir prévenu que nous ne tiendrions pas compte des liaisons des mots entr'eux. C'est que, dans certains cas, les liaisons sont obligées, sous peine d'obscurité, et il n'est pas permis alors à l'écriture logique de les négliger.

Pour que nos élèves puissent faire de nouveaux essais, nous allons leur donner quelques fables de Lafontaine, écrites d'après les règles précédentes. Ce sont :

LE LION ET LE RAT.

LA COLOMBE ET LA FOURMI.

LA GRENOUILLE QUI SE VEUT FAIRE AUSSI GROSSE QUE LE BOEUF.

LE LABOUREUR ET SES ENFANTS.

LE RAT DE VILLE ET LE RAT DES CHAMPS.

———

L LIO E L RA.

Il fo ota co peu oblije tou l mod ;
O a souva bsoua deu plu peti c soua :
D set verite deu fabl fro foua,
Ta la choz a preuv abod.

Atr le pat deu lio
Eu ra sorti d ter ase a letourdi
L roua de animo a set ocazio
Motra s cil ete e lui dona la vi
S biefe n fu pa perdu
Celceu oretil jame cru

Ceu lio deu ra u afer
Spada il ave co sortir de fore

S liō fu pri dā de re
Dō se rujisemā ne pur l defer
Sir ra acouru et fi tā par se dā
Cun mal rōje āporta tou louvraj.

  Pasiās e lōgeur d tā
  Fō plu c fors ni c raj.

LA COLŌB E LA FOURMI.

Lotr egzāpl e tire danimo plu peti
L lō deū cler ruiso buve un colōb
Cā sur lo s pachā un fourmi i tōb
E dā set oseā lō u vu la fourmi
Seforce me ā vē d regagne la riv
La colōb osito uza d charite
Eū brē derb dā lo par el etā jte
S fu eū promōtouar ou la fourmi ariv
  El s sov e la dsu
Pas eū sertē crocā ci marche le pie nu
S crocā par azar ave un arbalet
  De cil voua louazo d Venus
Il l croua ā sō po e deja lui fe fet
Tādi ca l tue mō vilajoua sapret
  La fourmi l pic o talō
  L vilē rtourn la tet
La colōb lātā par e tir de lō
L soupe du crocā avec el sāvol
  Pa d pijō pour un obol.

LA GRNOUL CI S VEU FER OSI GROS
C L BEUF.

Un grnoul vi eu beuf
Ci lui sabla d bel tal
El ci nete pa gros a tou com eu euf
Avieuz seta e gofl e s traval
Pour egale lanimal a groseur
Disa : Rgarde bie ma seur
Esase? Dite moua ni sui j poua acor?
Neni — mi vouasi do — Poua du tou — mi vouala.
— Vou na aproche poua — La chetiv pecor
Safla si bie cel creva.

L mod e ple d ja ci n so pa plu saj
Tou bourjoua veu batir com le gra segneur
Tou peti pres a de abasadeur
Tou marci veu avouar de paj.

L LABOUREUR E SE AFA.

Travale prne d la pen
Se l fo ci mac l moua.

Eu rich laboureur sata sa mor prochen
Fi vnir se afa leur parla sa temoua :
Garde vou leur ditil d vadr leritaj
C nou o lese no para :

Eu tresor e cache dda.

J n se pa ladroua; me eu peu d couraj
Vous l fera trouve; vou a viedre a bou
Remue votr cha de co ora fe lou
Creuze, foule, beche, n lese nul plas
    Ou la me n pas e rpas.
L per mor le fis vou retourn l cha,
Dsa, dla, partou; si bie co bou d la
    Il a raporta davataj
D'arja poua d cache me l per fu saj

    D leur motre ava sa mor
    C l traval e eu tresor.

L RA D VIL E L RA DE CHA.

    Otrfoua l ra d vil
    Evita l ra de cha
    Dun faso for sivil
    A de rlief dortola.

    Sur eu tapi d Turci
    L couver s trouva mis
    J les a pase la vi
    C fir le deu ami.

L rpa fu for onet
Riē n māce o festē
Me celcēu troubla la fet
Padā cil ete ā trē.

A la port d la sal
Il ātādir du brui
L ra d vil detal
Sō camarad l sui.

L brui ses ō s rtir
Ra ā cāpagn osito
E l sitadē d dir
Achvō tou notr ro

Se ase di l rustic
Dmē vou viēdre che moua
S ne pa c j m pic
De tou vo festē d roua

Me riē n viē mēteropr
J māj tou a louazir
Adieu dō fi du plezir
C la crēt peu coropr.

Nous supposons que nos élèves ont maintenant,
non pas la pratique, mais la compréhension raisonnée
de l'écriture logique : Cela va nous permettre d'aborder

l'étude de la sténographie et d'y entrer de plain-pied avec des facilités exceptionnelles. Les règles de son orthographe sont en effet celles de l'écriture logique, SANS AUCUNE MODIFICATION. Il ne nous reste donc qu'à transformer les caractères dont nous nous servons en signes sténographiques.

Nos lecteurs nous permettront ici une petite digression, relative au choix d'une méthode, dont nous nous sommes préoccupés dans la leçon précédente. Il ne nous était pas possible d'établir une comparaison précise entre les systèmes anglais et français, avant d'avoir parlé de l'écriture logique et de nous être familiarisés avec ses principes. Un éminent sténographe que nous avons déjà cité, M. Breton, a donné, dans le *Dictionnaire de la Conversation*, un spécimen de son orthographe sténographique, qui admet la suppression des voyelles ; il écrit ainsi les premières phrases du Télémaque :

Calypso n pvai s conslr du dpar d'Ulysse. Dan sa douleur, elle s trvai mlhreuse d'tr immrtl. Sa grot ne rsonai plu d son chan : les nymfs qi la srvai nosai lui prler.

(126 lettres).

Tout le monde comprend cela, parce que tout le monde sait par cœur le début du Télémaque. Mais dans une écriture rapide et peu développée, il est permis de penser que les mots *pvai — conslr — trvai — mlhreuse — immrtel — srvai —* pourraient donner lieu à des équivoques. Qu'on me permette de rappeler maintenant la façon dont nous écrivons ce même paragraphe, dans notre écriture logique :

Calipso n pouve s cosole du depar Dulis. Da sa douleur el s trouve maleureuz detr imortel. Sa grot n resone plu d so cha. Le nef ci la serve nose lui parle.

(120 lettres).

Où M. Breton emploie 126 lettres ou signes sténographiques, il semble que nous en employons 120. — Mais la différence est plus grande encore; car six traits soulignent les voyelles *eu* et *ou*, qui ne donnent qu'un son chacune, et qu'un seul signe, par conséquent, pourra traduire. De même pour l'articulation simple *ch*. Nous n'aurons donc besoin que de 113 signes, au lieu de 126, et nous croyons, en outre, l'emporter sous le rapport de la clarté. Il n'y a aucun amour-propre à constater cela, mais il est bon de montrer à nos lecteurs que nous sommes en progrès marqué sur un des meilleurs systèmes qui aient été préconisés.

QUATRIÈME LEÇON.

—

ALPHABET STÉNOGRAPHIQUE OU FORMATION NATURELLE DE LA STÉNOGRAPHIE.

Nous supposons que nos lecteurs se sont familiarisés avec l'écriture logique, et qu'ils savent écrire les phrases qu'ils entendent, avec les seules lettres qui leur sont nécessaires, sans hésitation et sans tâtonnement. Comme nous l'avons dit, c'est une excellente préparation à l'étude de la sténographie, et nous la considérons comme indispensable à ceux qui veulent faire des progrès sérieux et rapides.

Il s'agit maintenant de représenter les sons français de la manière la plus simple, c'est-à-dire de transformer les lettres qui les composent, dans l'écriture logique, en traits rapides, aussi élémentaires que possible. Avant de nous livrer à cette recherche, on nous permettra de citer encore une fois M. Breton et d'extraire quelques passages de l'article qu'il a consacré à la sténographie dans un recueil estimé (*).

« Voici quelles seraient les conditions d'une sténographie
« parfaite. Outre quinze ou dix-huit consonnes absolument
« indispensables, il faut exprimer les cinq voyelles *a, e, i, o, u,*

(*) *Dictionnaire de la Conversation*, première édition; tome 49, page 480.

« *les cinq nasales,* plus un certain nombre de voyelles com-
« posées ou diphthongues, telles que *ai, oi, ë, ou, oui, ui,* etc.
« Cela fait en tout plus de trente caractères. Il serait à dési-
« rer que les signes qu'on leur affecte fussent tellement
« simples, qu'ils pussent se lier entr'eux, soit en commençant,
« soit en finissant les mots, et surtout au milieu, sans jamais
« exiger l'emploi d'aucun trait parasite. OR, CELA EST DE
« TOUTE IMPOSSIBILITÉ. Tout inventeur de sténographie ne
« trouve en réalité à sa disposition que quatre signes simples :
« la ligne droite, le demi-cercle, la boucle et le point. Ce
« dernier est le moins utile, parce qu'il n'est pas susceptible
« de se lier, et par conséquent ne peut jamais figurer une
« lettre médiante. — La ligne droite *offre cinq positions,* le
« demi-cercle quatre. La boucle ou le cercle, pouvant s'adap-
« ter à l'une des extrémités de la ligne droite, fournit,
« comme celle-ci, cinq positions. Le crochet, ajouté à ces
« mêmes lignes droites, donne quatre autres signes suscep-
« tibles de liaison, mais dont le tracé n'est pas exempt de
« tout reproche. Aussi, quelle que soit la diversité des com-
« binaisons, quelles qu'en soient les chances inépuisables en
« apparence, aucun alphabet sténographique ne peut fournir
« plus de *dix-huit caractères simples,* en remplissant les
« conditions requises; il est mathématiquement démontré
« impossible d'en inventer un seul de plus. Si nous affectons
« chacun de ces traits à l'une des consonnes, nous ne trou-
« verons plus rien pour les voyelles... »

Cela ne serait pas rassurant, et il y aurait de
quoi quitter la place, s'il fallait s'en rapporter aux
raisonnements de l'auteur de cet article. Mais il com-
met de telles hérésies dans ces quelques lignes,
qu'il est permis de douter de la conclusion à laquelle
il arrive.

Nous admettons, en effet, avec M. Breton, dix-huit
consonnes, non pas indispensables, mais utiles, et
cela suffit à nous les faire accueillir. Nous avons
trouvé dans la langue française sept voyelles princi-

pales, au lieu des cinq qu'il désigne, — et quatre sons nasals, à la place des cinq qu'il enregistre. Quant aux diphthongues, qu'il appelle des voyelles composées, nous croyons beaucoup plus simple de les décomposer, que de leur assigner un rôle et un signe spéciaux. — Toutefois nos onze voyelles ou sons nasals et nos dix-huit consonnes nous donnent encore vingt-neuf caractères à trouver.

Nous nous adresserons pour cela à la géométrie, qui mettra à notre disposition ses lignes de première formation, la ligne droite et la ligne courbe.

Voyons les traits distincts que ces lignes pourront donner par leurs changements de position. La ligne droite offrira quatre situations différentes :

La ligne verticale | ; la ligne horizontale —— ;

la ligne oblique penchée à gauche \ ; la ligne

oblique penchée à droite ⁄ ; QUATRE EN TOUT.

Nous ne saurions comprendre que M. Breton en ait trouvé une cinquième, chose mathématiquement IMPOSSIBLE. Il est certain qu'on augmenterait singulièrement le nombre de ces combinaisons, en variant les inclinaisons des lignes obliques, et en les classant d'après l'angle plus ou moins grand qu'elles formeraient avec l'horizontale. Mais il ne s'agit pas de tracer des figures de géométrie régulières, bonnes à mesurer avec un sextant ; nous cherchons les moyens d'écrire très-rapidement, au moyen de signes facilement reconnaissables ; nous ne pouvons donc donner deux significations aux lignes obliques d'inclinaison analogue. Nous verrons, en effet, que, dans la pratique, ces inclinaisons varient forcément et n'ont rien de précis.

La ligne droite donne donc quatre traits distincts ; la ligne courbe nous en donnera cinq ; le cercle ⬭ , et la demi-circonférence bombée supérieurement ⌒ , inférieurement ⌣ , à droite ⌐ et à gauche ⌐ ; — CINQ SEULEMENT.

Il serait facile de répéter à ce sujet l'observation que nous faisons plus haut sur la ligne droite ; — c'est qu'en réduisant la courbe au quart de cercle, par exemple, nous pourrions créer des caractères nouveaux, différents des précédents ; mais ces quarts de cercle, tracés couramment et se rattachant à d'autres signes, se confondraient trop facilement avec les courbes déjà adoptées. C'est ce qu'il faut éviter, à l'égal de l'étrange procédé de M. Breton, qui propose de compter, au nombre des caractères simples, des lignes droites ornées de boucles et de crochets. On n'a pas besoin d'être géomètre pour comprendre que ce sont des caractères complexes, puisqu'ils se composent de la réunion de deux signes simples déjà choisis. Disons donc hardiment, et plus sérieusement que notre confrère, qu'*il est impossible qu'un alphabet sténographique fournisse plus de NEUF caractères simples*, — et ne nous occupons que de les mettre en œuvre le plus habilement possible.

Nous ne parlons pas du point, ni des accents, qui ne peuvent être que des signes accessoires, propres à la sténographie exacte seulement, et dont la sténographie suffisante peut se passer.

Il faut donc forcément baser tout notre système sténographique sur les neuf caractères distincts et très-simples que voici :

TRAITS DROITS.   TRAITS COURBES.

Nous allons voir comment ils peuvent représenter vingt-neuf caractères différents, sans se confondre les uns avec les autres, — car c'est ce qu'il faut démontrer. Posons d'abord quelques règles précises :

I

La sténographie, comme l'écriture anglaise ordinaire, s'écrit de gauche à droite, et généralement de haut en bas, sauf de rares exceptions.

II

Les signes sténographiques employés à représenter les voyelles sont trois à quatre fois plus petits que ceux qu'on destine à représenter les consonnes.

III

Les consonnes affectent entre elles dans leur forme sténographique des rapprochements analogues à ceux qui peuvent exister dans leur prononciation.

Nous allons développer ces conventions.

Le sens de l'écriture sténographique a été déterminé par celui de l'écriture ordinaire, et l'on a dû profiter des habitudes acquises par la main des écrivains et en retirer tous les avantages possibles.

Le principal mérite de la division des signes simples en deux séries de différentes grandeurs est naturellement de doubler le nombre de ces signes, que nous savons être insuffisants.

En outre, cela permettra de distinguer sans difficulté une voyelle quelconque des consonnes qui pourront l'entourer, puisque la réduction de grandeur est commune à .toutes les voyelles, — ou à presque toutes, pour être absolument exact. Il n'y a rien là qui doive embarrasser, et ce serait une erreur que de croire qu'il puisse en résulter un inconvénient dans l'écriture ou dans la lecture. On ne saurait hésiter entre deux signes tels que (et

(» ⌒ et ⌒ » d'autant que lorsqu'on les trace rapidement, la plume est presque toujours portée à exagérer, soit leur grandeur, soit leur petitesse. Nous n'avançons rien qui ne soit prouvé par l'expérience.

Nous nous occuperons plus loin de la troisième règle, qui est relative aux seules consonnes. Nous allons voir d'abord comment nous traduirons les voyelles, au moyen des neuf caractères dont nous disposons, — écrits en petit texte.

Nous avons, on le sait, SEPT voyelles principales à écrire, et le nombre des signes à leur consacrer paraît surabondant. Mais si nous songeons à la réduction que ces signes subiront dans notre écriture, pour être appliqués aux voyelles, nous aurons à redouter une certaine confusion — dans les lignes droites seulement. On distingue aisément en effet le sens d'un demi-cercle, si petit qu'il soit ; mais l'obliquité d'une ligne d'un à deux millimètres, souvent écrasée sous la plume, peut difficilement se constater. Comme il faut, avant tout, assurer la clarté de l'écriture, nous renoncerons à faire représenter aux quatre lignes droites plus d'une voyelle. Mais, en faisant ce sacrifice, nous tâcherons d'en retirer tous les avantages possibles. Nous conviendrons que la voyelle représentée par la ligne droite pourra s'écrire dans toutes les positions, de manière à faciliter les liaisons et à se prêter à toutes les évolutions de la plume, — de l'une de

ces façons, par exemple : ╱ ╹ ╱ . Et comme ce trait droit, extrêmement court et tout à fait libre dans ses allures, est certainement le plus rapide des signes, nous l'appliquerons à la lettre qui se rencontre le plus fréquemment dans l'écriture française, — à l'E, — prononcé É, bien entendu.

La convention précédente nous laisse évidemment au dépourvu, car il ne reste plus à notre disposition que cinq signes courbes, et nous avons encore six voyelles à écrire. Il est donc nécessaire d'emprunter un signe à la grande série ; ce sera le cercle.

Cette exception à notre seconde règle ne peut pas s'éviter. Il en résulte que nous aurons deux cercles de formats divers dans notre alphabet de voyelles, tandis que ce signe manquera tout à fait aux consonnes. En faisant varier sa grandeur, suivant les deux échelles convenues, le petit cercle ○ désignera l'A, — et le grand cercle ◯ s'appliquera à l'o.

Cette dernière transformation ne sera pas difficile à retenir, et c'est déjà quelque chose, sur sept voyelles, que d'en savoir sûrement tracer une.

Nous avouerons d'ailleurs qu'en consacrant deux cercles de différente dimensions à représenter l'o et l'A, qui sont les lettres les plus employées en français après l'E, nous ménageons des facilités à notre écriture sténographique. Comme nous le verrons dans les leçons « LIAISONS DES SIGNES ET DES MOTS », ces cercles, transformés en ovales ou en boucles par l'agencement des mots où ils entrent, sont très-favorables à la rapidité de l'écriture.

Restent quatre voyelles I U EU OU que nous représenterons par

les petites courbes restantes ∪ C) ⌒

On voit que l'I se traduit par un signe à peu près semblable à la forme qu'il a dans l'écriture cursive. Il sera donc aussi facile à retenir que l'o.

Que nos élèves, du reste, ne s'inquiètent aucunement des efforts de mémoire qu'on pourrait croire nécessaires à conserver la relation des lettres, des sons et des signes. Dans la prochaine leçon, nous leur donnerons, pour y arriver, des moyens sûrs, qui ne les fatigueront aucunement.

Voici donc comment nous écrirons nos voyelles:

A	E	I	O	U	EU	OU

Il est entendu que l'E ne nécessite qu'un seul des signes que nous plaçons au-dessous de lui, — au choix de l'écrivain.

Nous conviendrons maintenant de traduire les sons nasals par les voyelles dont ils dérivent, accentuées d'un point placé dans leur voisinage, sans situation déterminée. Nous écrirons donc

AN	IN	ON	UN

L'omission d'un point ne saurait rendre une phrase sténographique illisible; le sens des mots qui précèdent ou qui suivent permet de réparer les oublis de ce genre.

Nos voyelles sont donc pourvues, et nous pouvons passer aux consonnes sans difficulté. Nos lecteurs n'ont pas oublié que nous en avons compté DIX-HUIT, nécessaires à l'écriture logique, et par conséquent à la sténographie exacte. Nous nous trouvons donc avec dix-huit articulations distinctes, en face de HUIT grands signes seulement, destinés à les représenter, — car le cercle nous a été enlevé par les voyelles.

Mais c'est le cas de rappeler ici la troisième règle

que nous avons donnée plus haut, relative aux consonnes. Nous ne craindrons pas d'en représenter plusieurs par le même caractère, — que nous accentuerons spécialement, d'après les analogies que les articulations pourront avoir entre elles.

Posons d'abord des règles que nous justifierons ensuite, et dont nos élèves comprendront la logique et la portée :

Nous pouvons diviser nos dix-huit consonnes en deux classes : les consonnes d'articulation spéciale, au nombre de neuf, qui sont :

C—F—L—M—N—P—R—T—S

et les consonnes d'articulation secondaire, dont la prononciation se rapproche de celle des consonnes précédentes, savoir :

G — V — L — GN — B — D — Z — CH — J

Il est aisé de prouver les analogies de son qui existent entre les lettres c et G — F et V — L et L — N et GN — P et B — T et D — S, Z, CH et J.

Cela nous permettra de former le tableau suivant :

<table>
<tr><td rowspan="10">CONSONNES PRINCIPALES.</td><td>C</td><td>—</td><td>G</td><td rowspan="10">CONSONNES SECONDAIRES.</td></tr>
<tr><td>F</td><td>—</td><td>V</td></tr>
<tr><td>L</td><td>—</td><td>L</td></tr>
<tr><td>M</td><td></td><td></td></tr>
<tr><td>N</td><td>—</td><td>GN</td></tr>
<tr><td>P</td><td>—</td><td>B</td></tr>
<tr><td>R</td><td></td><td></td></tr>
<tr><td>T</td><td>—</td><td>D</td></tr>
<tr><td>S</td><td>—</td><td>Z — CH — J</td></tr>
</table>

Nous conviendrons de représenter les consonnes principales par les signes sténographiques qui restent à notre disposition, et les consonnes secondaires par les signes affectés aux consonnes dont elles dérivent, distingués par des accents.

Cela paraît un peu embrouillé au premier abord, mais de cette apparente confusion naîtra bientôt une clarté évidente. Toutefois, pour rassurer l'esprit de nos élèves, nous pouvons leur prouver accessoirement qu'on pourrait réduire à NEUF le nombre des consonnes françaises, sans rendre notre langue inintelligible. Après cette démonstration, il nous sera sans doute permis de représenter par des signes analogues à ceux des consonnes chefs de file, des consonnes qu'il serait possible à la rigueur de proscrire entièrement.

Il nous suffira, pour cela, d'établir que l'oubli de l'accent particulier aux consonnes secondaires, n'empêcherait pas de lire et de comprendre le mot ou la phrase qui les renfermerait. Cela n'équivaudrait tout au plus qu'à un défaut de prononciation dans la conversation ordinaire.

Les défauts de prononciation, qui altèrent la pure articulation des mots, se rencontrent à chaque instant, s'entendent chaque jour, et n'empêchent pas de comprendre les gens qui se les permettent. Les étrangers, peu familiarisés avec notre langue, en sont l'exemple le plus frappant.

Les Allemands, entre autres, emploient indifféremment les unes pour les autres, les consonnes dont nous avons indiqué les analogies. Le patois, que

Balzac fait parler au baron de Nucingen, est peut-être exagéré, mais on n'éprouvera aucune difficulté à entendre : « *Che feux aller au chartin* » pour « *Je veux aller au jardin;* » — *Che fais brentre un pon sapre* » pour « *Je vais prendre un bon sabre.* Cela se saisira d'ailleurs bien mieux en écoutant qu'en lisant, car l'œil est porté à s'épouvanter d'une orthographe inusitée. Les incroyables du Directoire supprimaient tout à fait le ʀ, et disaient ne revenant de l'Opéra : *Ze viens de voie une zolie soze!...* On sait que l'accent de quelques provinces dénature complétement la prononciation française; les Gascons, en prenant le v pour le ʙ, et *vice versa*, commettent des fautes plus impardonnables que celles que nous essayons de défendre ; on en peut dire autant des Marseillais, des Alsaciens et de nombre de nos compatriotes.

Nous irons plus loin; ces anomalies de langage se rencontrent dans le meilleur monde, et ne sont pas toujours le résultat d'un défaut naturel; on zézaie, on grasseye, et il y a des jeunes femmes à qui cela ne messied pas. Mais les meilleures leçons de tolérance à cet égard nous sont données par les bébés qui commencent à parler et que certains sons embarrassent. Ils ne se taisent pas pour cela, mais remplacent les consonnes que leur bouche ne sait pas dire par des équivalents qu'ils vont quelquefois chercher fort loin. A mesure que l'enfant grandit, son langage se châtie et s'épure, et il arrive à ne se permettre que les altérations naturelles qu'indique notre tableau, — jusqu'à ce qu'enfin l'art de parler lui soit acquis par son instinct d'imitation.

Notre classement étant admis, voyons le choix que nous ferons des signes destinés à représenter nos consonnes spéciales. La première difficulté à vaincre est le déficit qui existe dans le nombre des signes, comparé à celui des consonnes : huit signes d'un côté, neuf lettres de l'autre. Il faut absolument, pour nous sortir d'affaire, qu'un de ces signes joue un rôle double et représente deux lettres à la fois.

Nous choisirons pour cela le trait droit, qui se trace le plus facilement; l'oblique penché à droite, appelé jambage dans l'écriture usuelle, et qui est familier à tous les écrivains. Le trait / sera destiné à représenter les consonnes R et T.

Avant d'en agir ainsi, nous avons pris naturellement nos mesures pour qu'il fût impossible de confondre entre elles deux lettres écrites d'une manière identique. Il nous suffira de faire une exception, — une seule, — à la règle générale, déterminant le sens de l'écriture sténographique, et de convenir qu'au lieu de s'écrire de haut en bas, comme toutes les autres lettres, le R s'écrira de bas en haut, — et de gauche à droite en même temps.

Le T, au contraire, s'écrira de haut en bas et, par son inclinaison, reviendra de droite à gauche. La distinction sera suffisante, et nous écrirons le R ⇒ / et le T ⇒ /, de façon à pouvoir les distinguer en toute occasion, lorsqu'ils seront liés à d'autres caractères.

En effet, le sens général de l'écriture ne permet aucune équivoque à cet égard. Si nous désignons par des lignes pointillées les signes qui avoisinent ces lettres, nous aurons :

Quand elles commenceront des mots :

Pour le R 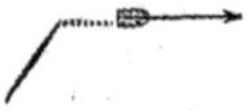 ;—Pour le T

Quand elles les termineront :

Pour le R  ; —Pour le T

Quand elles seront comprises dans les mots :

Pour le R

Pour le T

On voit combien ces différences sont faciles à constater. Il ne peut donc y avoir de difficulté que lorsque les signes sont complétement seuls et ne se relient à aucun autre. Mais il suffit de songer alors que le R seul, ou suivi de l'E muet, ne constitue pas un mot français. Toutes les fois, par conséquent, que l'on rencontrera le signe / isolé, nous saurons qu'il désigne le T, — ou TE en orthographe française.

Ce cas ne peut du reste se présenter que dans une sténographie exacte très-châtiée ; car, dans la sténographie suffisante et dans la pratique ordinaire, il est d'usage de lier les monosyllabes avec les lettres qui précèdent ou qui suivent.

Le ʀ et le ᴛ étant pourvus, il nous reste autant de signes que de lettres, et nous les distribuerons ainsi :

Le ᴄ, toujours dur, conservera sa forme et s'exprimera par un demi-cercle bombé à gauche, ce qui permet de le retenir aisément : ⊂

Le ꜰ se représentera par un trait droit oblique penché à gauche : \

Le ʟ, par un demi-cercle bombé supérieurement : ⌒

Le ᴍ, par un demi-cercle bombé à droite : ⟩

Le ɴ, par un demi-cercle bombé inférieurement : ⌣

Le rapprochement de ces trois lettres dans l'alphabet et la forme analogue des traits qui les représentent doivent les fixer dans la mémoire.

Le ᴘ sera représenté par une ligne verticale : |

Le s, par une ligne horizontale : —

Voici nos neuf consonnes traduites d'une manière distincte et précise. Les consonnes secondaires se représenteront par les mêmes signes que leurs chefs de file, en coupant ces signes d'un léger accent; ainsi :

Le ᴄ s'écrivant ⊂ , le ɢ toujours dur s'écrira ∈ ;

Le F s'écrivant \\ , le V s'écrira ✕ ;

Le L s'écrivant ⌢ , les L mouillés s'écriront ⌢̇ ;

Le N s'écrivant ⌣ , le GN doux s'écrira ⌣̣ ;

Le P s'écrivant | , le B s'écrira ╎ ;

Le T s'écrivant ⁊ , le D s'écrira ⁊̄ ;

Le S s'écrivant ⎯ , le Z s'écrira ⊣ .

Il nous reste deux consonnes, le CH et le J, dérivant aussi de S, et qui ont droit, comme le Z, à lui emprunter le signe qui le représente, — sauf à l'accentuer différemment, pour qu'on ne puisse pas les confondre entre eux ; aussi courberons-nous les accents du CH et du J, et les ferons-nous en sens inverse :

Nous écrirons CH ⟵ et J ⟶ .

Les analogies de cette quadruple consonne Ş, Z, CH doux et J, ne sauraient entraîner aucun embarras et sont faciles à retenir. Le S s'écrit avec une ligne horizontale ⎯ ; le Z, qui s'en rapproche le plus, s'écrit avec cette ligne coupée d'un accent rectiligne ⊣ ; le CH, avec cette même ligne coupée d'un accent qui a la forme du C de CH, ⟵ ; et enfin le J d'un accent qui affecte également sa forme ⟶ .

Nous aurons donc les représentations suivantes :

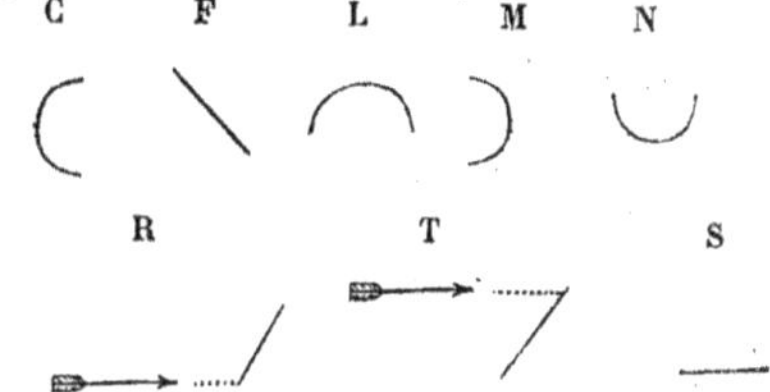

. et accessoirement :

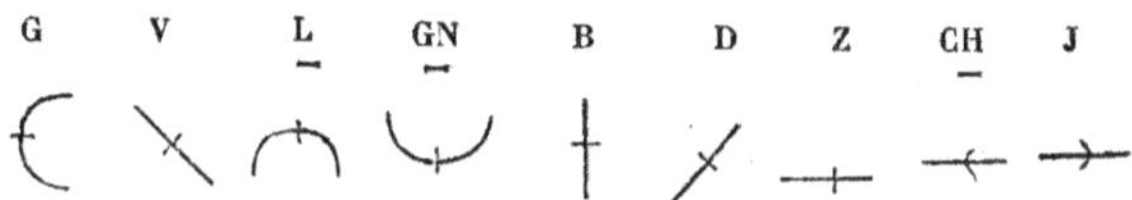

C'est le moment de récapituler toutes nos conquêtes et de tracer un tableau complet de notre alphabet sténographique.

RELATION DES SIGNES DE L'ÉCRITURE STÉNOGRAPHIQUE ET DES LETTRES DE L'ALPHABET ORDINAIRE.

VOYELLES OU SONS.

SONS NAZALS.

CONSONNES PRINCIPALES.	CONSONNES SECONDAIRES.
C	G
F	V
L	L
M	
N	GN
P	B
R	
T	D
S Z	CH J

Nous engageons nos élèves à copier ce tableau avec beaucoup de netteté et d'exactitude, de façon à l'avoir toujours sous les yeux, lorsqu'ils s'exerceront aux traductions sténographiques.

Ils pourront d'ailleurs commencer à traduire — lettre par signe — les exemples d'écriture logique que nous leur avons donnés. La prochaine leçon les familiarisera rapidement avec les signes de la sténographie.

CINQUIÈME LEÇON.

MNÉMOTECHNIE DE LA STÉNOGRAPHIE.

Il est temps de remplir la promesse que nous avons faite à nos élèves, de leur fournir des moyens faciles et presque amusants de retenir la corrélation établie entre les lettres du vieil alphabet et les signes qui les représentent en sténographie. Nous nous adresserons pour cela à la mnémotechnie, dont on fait encore trop peu usage, et que nous essaierons peut-être de leur enseigner un jour.

Il me souvient que l'excellent professeur, auquel je dois mes premières leçons de sténographie, s'inquiétait un peu de la puérilité des moyens par lesquels on gravait ces signes dans la mémoire. Je ne saurais avoir de pareils scrupules, et je ne discute pas ces moyens, puisqu'ils atteignent le but qu'ils se proposent.

On conçoit de quelle importance est la connaissance absolue de ces signes pour l'élève ; s'il est arrêté à chaque instant dans ses traductions par l'obligation de consulter la clé alphabétique, il se découragera sûrement.

Dès que les caractères sténographiques, au contraire, lui sont familiers, la lettre ou le son lui rappelle immédiatement le signe ; son travail perd son aridité, il écrit sans s'arrêter, lentement sans doute, mais avec certitude, et le voilà lancé dans la carrière.

La connaissance intime de cette clé est donc aussi importante pour nos élèves que celle de la table de multiplication peut l'être pour les calculateurs.

Voici la façon de la retenir. — Commençons par les sept voyelles :

La lettre A, qui commence le mot ANNEAU, est naturellement représentée par le cercle dont l'anneau a la forme. Comme pour les autres lettres dont nous allons nous occuper, le procédé mnémonique est d'une simplicité extrême. On cherche le signe qui peut représenter A ; la prononciation guide la mémoire, et l'on dit A - NNEAU. Au même instant, le souvenir des yeux, frappés par la gravure que nous donnons ci-dessus, aide l'esprit paresseux ; et le mot anneau entraîne l'idée d'un très-petit cercle que l'on passe au doigt o .

E se rattachera à l'idée d'É-PINGLES. Ce sont bien là les petits traits courts, droits, inclinés de toutes façons que présente un amas d'épingles épars sur une table. Leur image servira de liaison entre la lettre et les signes divers par lesquels on peut la représenter — ⁄ ﹨ ⁄ .

L'ı nous rappellera l'ı-ʀıs, cette fleur des montagnes acclimatée dans nos jardins. Ses pétales forment au-dessus de sa tige une sorte de calice un peu plus évasé que celui de la tulipe, mais qui en figure les contours. La forme de cette fleur nous apprendra que l'ı se désigne par le signe ᴜ qui d'ailleurs n'est autre que l'ı de l'écriture cursive.

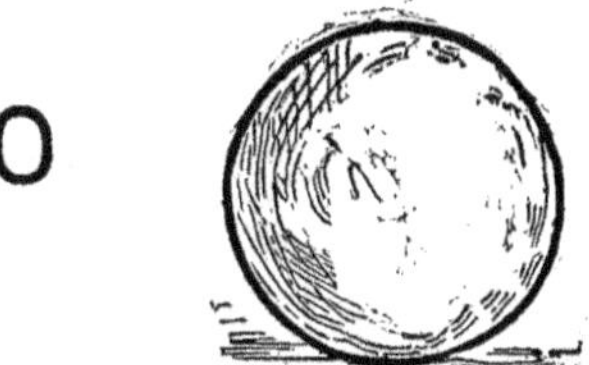

L'o sera destiné à nous rappeler le fruit doré qui mûrit en Italie : l'o-ʀᴀɴɢᴇ. Outre sa forme sphérique qui nous donne le signe exact qui représente l'o, l'orange, par sa grosseur bien supérieure à celle de l'anneau, nous rappelle que le cercle qui doit désigner l'o est trois ou quatre fois plus grand que celui qui représente l'ᴀ, — o ◯ .

U 

EU

L'u et l'ᴇᴜ seront l'objet d'un seul dessin qui représente une ʜᴜᴘᴘᴇ, couvant ses ᴏᴇᴜꜰꜱ, en partie visibles. J'avoue qu'ici le procédé mnémotechnique est un peu en défaut, mais il fait ce qu'il peut. L'important est de se souvenir que cet oiseau, naturellement fier, regarde à *droite* et n'a rien de *gauche* dans la physionomie. Un calembour est aussi de la mnémotechnie.

Il est certain que si l'on se rappelle que l'oiseau regarde à droite, la position de sa huppe ou de sa crête de plumes nous donnera facilement la forme de l'ᴜ, qui s'écrit ꜱ ; d'un autre côté, notre dessin montre clairement que la courbe de la huppe est directement contraire à celle de l'œuf qui paraît entre le nid et la couveuse; l'ᴇᴜ s'écrira donc ainsi ꜱ , à l'opposite du signe consacré à représenter l'ᴜ.

 OU

Pour nous rappeler la forme qui traduit la voyelle ou, nous dirons ou-verture, et ce mot évoquera immédiatement à nos yeux l'image de l'ouverture d'un four. Je conviens que la question de dimension est un peu blessée ; l'important est de pouvoir écrire ou ⌢ sans recherches ni tâtonnements.

Nous voici en règle avec les voyelles, car nous n'avons pas à nous occuper des sons nasals qui viennent à la suite. L'opération d'esprit qui les rappelle à la mémoire, pour être plus complexe, n'est pas plus longue ni plus difficile. Si je veux écrire IN, comme je sais fort bien que c'est le son nasal de l'E, que l'on écrit au moyen d'É-PINGLES ⟍ – , j'écrirai

immédiatement l'un de ces signes pointés ⟹ ⟸ .

Les procédés mnémotechniques que l'on peut appliquer aux consonnes sont moins précis que ceux que nous avons donnés pour les voyelles. On comprend en effet qu'on puisse désigner par un *mot-souvenir* une ligne droite, mais plus difficilement sa direction. La ligne que je vois, montant de gauche à droite, mon voisin de face la verra, montant de droite à gauche. On peut cependant obtenir de bons résultats de la représentation d'objets qui rappellent les lignes que l'on veut retenir; mais il faut pour cela se prêter naïvement aux procédés de mnémotechnie; — et considérer avec attention, avec intérêt, si c'est possible, les figures qui suivent, de façon à les revoir plus tard par l'imagination dans la position que nous allons leur donner.

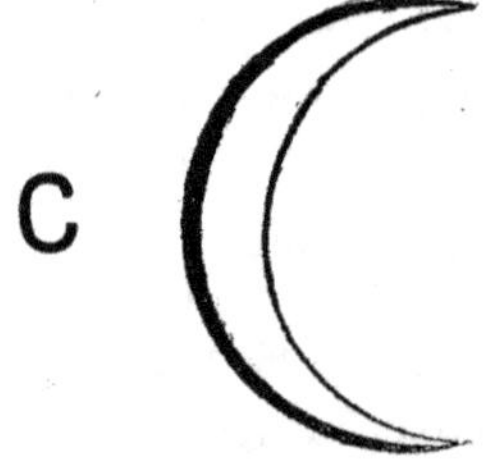

Ainsi le c, toujours dur en sténographie, comme on sait, nous donnera le Croissant de la lune, qui représente exactement sa forme. Mais il est important de se rappeler que ce croissant doit être bombé à gauche, et placé absolument comme le c qu'il désigne

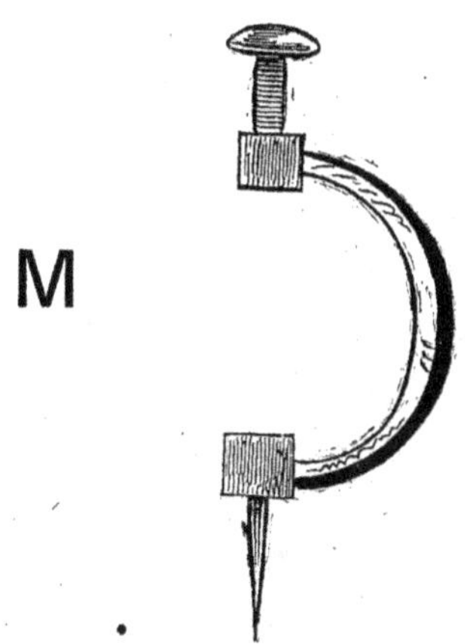

Le M rappellera le mot MANCHE, qu'il faudra entendre d'un de ces manches courbés, employés dans les instruments appelés villebrequins. Il est certain que dans notre dessin, ce manche, bombé à droite, donne la véritable position du signe qui désigne

le M ꭃ. . Mais on se rend compte que ce manche

peut être placé sous les yeux de vingt façons différentes. La réflexion la plus sûre, c'est de songer qu'il est droit et à l'opposite de la position du C.

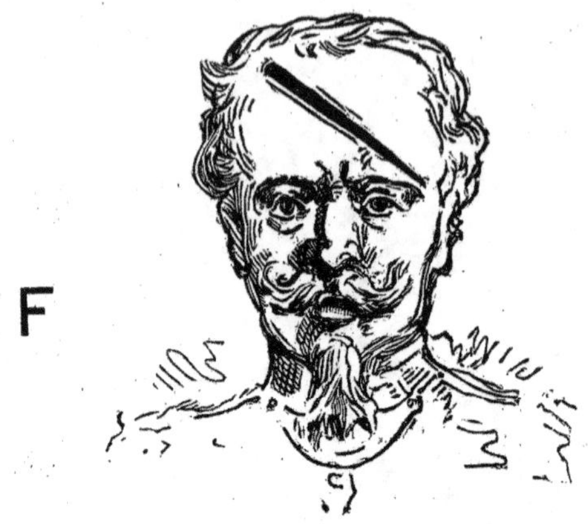

Le f n'est pas moins difficile à obtenir sûrement.
Nous pouvons en admirer le tracé dans la pro-
fonde balafre qui couvre le front de ce capitaine ;
c'est une FENTE oblique qui a manqué lui couper
la figure en deux. Nous pouvons supposer ce brave
soldat en face de nous, au moment où nous lui ou-
vrons le visage d'un coup de revers, dirigé de haut

en bas. Et cela nous donne ＼ , le signe de f.

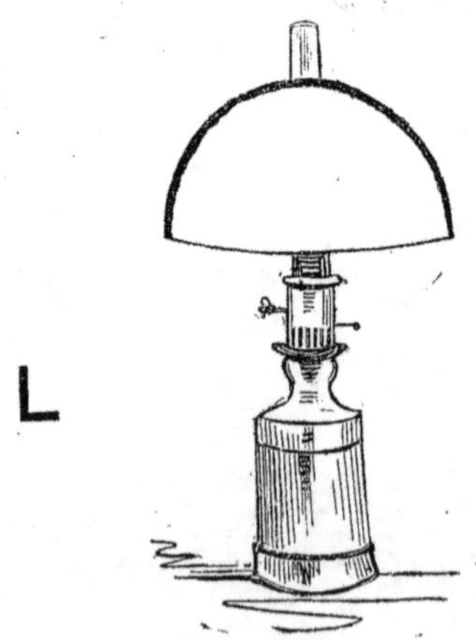

Le L, en commençant le mot LAMPE, nous rappelle les lampes en usage, il y a trente ans, et que l'on retrouve encore dans certains salons de province. La courbe supérieure de la demi-sphère dépolie qui concentre la lumière donne la forme précise

de la lettre à représenter ⌒ .

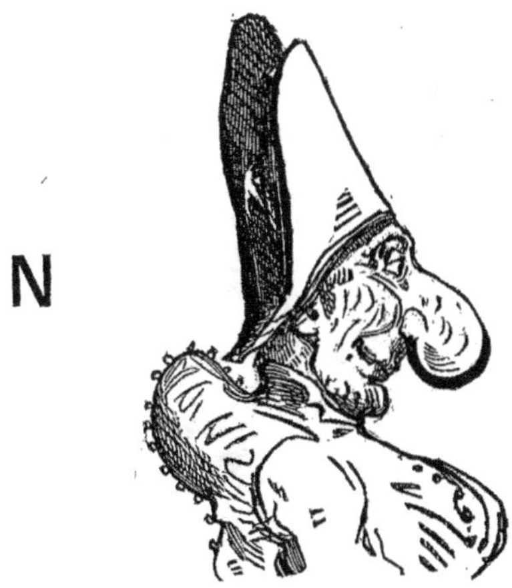

Le N nous rappellera sans difficulté un NEZ quelconque, pourvu qu'il ressemble à celui de Polichinelle et qu'il ait des proportions formidables. Son poids et sa forme naturelle le dirigent vers la terre, et c'est sa partie inférieure, fortement bourgeonnée, qui nous donnera la courbe dont nous avons besoin de garder

le souvenir et qui doit figurer le N ⌣ .

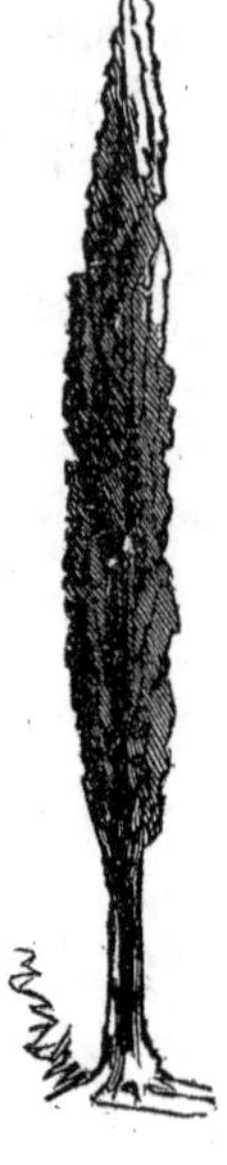

Le P, désigné par la ligne verticale, aura pour emblème le PEUPLIER.
On dit, en effet, droit comme un
peuplier; on passera facilement de
la prononciation de la lettre à celle
du mot. L'esprit se représentera
un de ces longs arbres efflanqués,
que l'on aperçoit quelquefois isolés,
dans les haies de campagne, ou
formant des rideaux le long des ri-

vières. Et le P sera trouvé ⎮ .

Le ʀ nous représente la ʀᴀᴍᴘᴇ et le ᴛ la ᴛᴏɪᴛᴜʀᴇ.

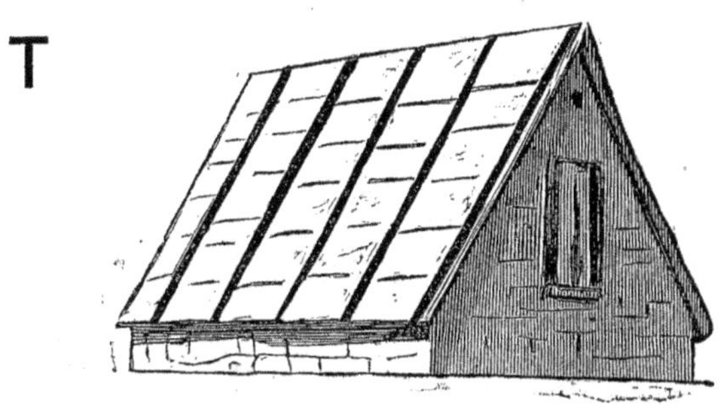

Nous savons déjà que ces deux lettres s'écrivent de la même manière, avec la différence que le ʀ va de bas en haut, ét le ᴛ de haut en bas. C'est ce que nous cherchons à exprimer par nos jalons mnémotechniques. Il semble en effet que le mot de ʀᴀᴍᴘᴇ entraîne une idée d'élévation, d'ascension; il est certain qu'il faut commencer par gravir les rampes avant de les descendre. La ᴛᴏɪᴛᴜʀᴇ, au contraire, destinée à l'écoulement des eaux, semble partir du faîte des édifices et s'incliner vers la terre; les deux objets représentatifs des signes $\diagup$ R ou $\diagup$ T indiquent donc le sens dans lequel ils doivent être tracés.

J'avoue que rampe et toiture pourraient être sans difficultés placés différemment, mais on leur conservera leur véritable situation, en se rappelant que le signe unique, employé pour représenter ces deux lettres distinctes, s'incline dans le sens de l'écriture usuelle pour être tracé plus facilement.

Le s sera représenté par le SERPENT, qui pourrait
facilement se tordre pour représenter plus clairement les courbes élégantes de la lettre de l'alphabet. Mais c'est la forme sténographique qu'il
importe de se rappeler. Nous supposerons donc
le serpent au repos, étendu paresseusement sur
l'herbe, et il nous donnera, pour l'exacte représen-

tation de s, une ligne horizontale ⸺ .

EXERCICES ET LECTURE STÉNOGRAPHIQUES.

De même qu'à la fin de ce volume nous aurons à résumer nos leçons et nos conseils, nous avons à placer ici un chapitre supplémentaire, qui se rapporte à tous les autres, et qui indique la marche qu'on doit suivre pour retirer les meilleurs fruits de notre enseignement.

Nous n'avons, jusqu'à présent, imposé à nos élèves aucuns devoirs précis, car nous sommes naturellement éloignés de ce qu'on appelle la pédagogie. Nous croyons que la sténographie ne peut faire que des élèves de bonne volonté. On nous rendra cette justice que notre préoccupation constante a été de la dégager des obscurités qui l'environnent aux yeux de la foule.

Il est pourtant des procédés d'étude dont on ne saurait se départir, sans se créer des embarras et sans compromettre les progrès qu'on pourrait avoir faits. C'est pour avoir vu de bons sténographes épeler avec peine la meilleure sténographie exacte, que nous avons cru devoir nous prononcer formellement sur un point important :

La lecture sténographique n'est point une résultante de l'écriture sténographique ; — elles s'aident mutuellement, mais on doit les étudier à part et leur consacrer un temps à peu près égal.

Au point où nous sommes arrivés, les élèves familiarisés avec les signes de la sténographie devront s'exercer à reproduire, dans cette nouvelle écriture, un texte quelconque, — en négligeant les liaisons, puisqu'ils n'en connaissent pas encore les règles. Quand ils auront ainsi rempli quelques pages, ils les reverront le lendemain et s'appliqueront à les traduire en caractères usuels. Ce second travail n'est pas moins utile que le premier.

Dès qu'ils auront dépassé les sixième et septième leçons, ils auront l'intelligence d'une sténographie régulière et complète. Ils devront s'attacher alors à reproduire, en suivant les règles données, les fables de Lafontaine que nous avons citées, et dont nous publierons plus loin une version sténographique. Ils compareront leur travail à notre texte, remarqueront leurs fautes, et s'appliqueront à les corriger. Ce n'est que lorsqu'ils écriront très-exactement qu'ils passeront à d'autres exercices.

Il sera nécessaire de s'appliquer, dans tous les cas, à lire l'écriture qu'on aura tracée, car on ne saurait trop insister là-dessus : si l'on ne s'exerce pas à lire fréquemment, on éprouvera des difficultés de lecture, indépendantes de l'habileté de la main, et la sténographie restera en quelque sorte une lettre morte pour l'élève négligent. Il l'écrira sans pouvoir la traduire.

Quand on sténographiera à peu près couramment, on prendra un livre, un journal, un manuscrit, et l'on s'imposera l'obligation d'en copier tous les jours quelques pages en signes très-exacts. On peut également composer de cette manière un ouvrage d'imagination, ou rappeler, dans une sorte de journal intime, les événements et les incidents de la journée ou de la veille. C'est aux élèves, enfin, à choisir un travail qui les intéresse; — car s'ils y trouvent de l'attrait, ils y seront fidèles, et ce n'est qu'en écrivant d'une façon suivie qu'ils deviendront véritablement habiles.

Il faut, autant qu'on le peut, écrire et lire quotidiennement. On devra lire de préférence la sténographie écrite depuis quelques jours et dont le souvenir n'est plus présent à la mémoire. En cas de difficulté, on ne se rebutera pas...

Quand les yeux tombent sur un monogramme sténographique, qui peut être quelquefois composé de plusieurs mots, et qu'on n'en devine pas de suite le sens, on doit l'épeler avec soin, sans hésiter devant sa physionomie. Le plus souvent, les mots se révèlent par les sons qu'on prononce; quand il y a obscurité, on répète ces sons lentement, en y joignant ceux qui précèdent et qui suivent. Si la sténographie est bien écrite, l'embarras du lecteur se dissipe au moyen de cette épreuve.

Les connaissances qu'on a acquises en sténographie permettent d'ailleurs de rectifier les traits maladroits ou lettres douteuses. Lorsque les cercles ou boucles qui forment l'ʌ et l'o sont gênés par les liaisons, le lecteur peut à la rigueur les confondre. On procède alors par tâtonnement; on lit et on devine à la fois ; on se figure écouter un Allemand ou un enfant qui bégaie, et l'on arrive à retrouver les mots dénaturés par quelque oubli de point ou d'accent, ou quelque négligence semblable.

Nous n'avons pas jugé utile d'indiquer à la fin de chacune de nos leçons des devoirs spéciaux ; il nous eût fallu répéter chaque fois ce que nous disons ici. A l'exception de la numération, à laquelle nos élèves peuvent ne s'intéresser qu'exceptionnellement, les autres exercices de sténographie s'enchaînent étroitement. Il n'est pas de volume, pas de récit d'invention ou de souvenir, dans lesquels on ne rencontre des noms propres, une ponctuation, et les moyens d'appliquer ce qu'on a appris. — Quand nous donnons à nos leçons une durée de deux heures, il faut donc entendre qu'après la demi-heure passée à se pénétrer de la leçon elle-même, nous faisons intervenir une heure et demie d'exercices sur les règles qu'on vient d'étudier.

Les méthodes qui offrent à leurs élèves des exemples hérissés des difficultés nous paraissent troubler leur esprit sans motif sérieux. On voit très-rarement tant d'exceptions réunies dans la pratique. Lorsqu'un embarras quelconque surgit, on trouve facilement les moyens de le vaincre ou de le résoudre.

Il est bon qu'en étudiant, nos élèves aient auprès d'eux du papier et de l'encre, afin de reproduire nos exemples sténographiques. Cela exerce la main et lui fait faire un travail mécanique salutaire, analogue à celui qui s'opère dans leur esprit.

Les exercices de traduction, que nous conseillons

en sténographie, s'appliquent avantageusement à l'écriture logique. L'élève, qui en aura le loisir, fera bien de copier, en orthographe exacte, les pages du livre qu'il se propose de sténographier plus tard.

Cela lui sera d'un secours considérable, quand il abordera cette dernière transformation, car il sera familiarisé avec la nouvelle physionomie des mots, et n'aura qu'à changer leurs lettres en signes sténographiques.

SIXIÈME LEÇON

LIAISON DES SIGNES

Si nous jetons un coup d'œil sur la route que nous avons parcourue, nous verrons que nous sommes en possession de tous les éléments utiles pour avancer rapidement dans l'étude et la pratique de la sténographie. Nous nous sommes appuyés pour cela sur l'emploi de l'orthographe logique, qui nous évite les tâtonnements, — les caractères à tracer étant indiqués par la seule prononciation. On ne sent pas assez ce qu'on doit à cette certitude ; pour s'en rendre un compte exact, il faut songer aux embarras auxquels les meilleurs esprits sont sujets, quand certains mots d'orthographe fantaisiste papillotent à leurs yeux. Ils sont alors obligés de recourir au dictionnaire dont nous avons supprimé absolument l'usage.

Nous écrirons donc de la même manière les mots heaume, homme, par o̲m̲ ; — maux, mots, par m̲o̲ ; cinq, saint, sein, ceint, sain, seing, par s̄e̲ , et cela ne nous empêchera pas d'être intelligibles. Les mots présentent rarement , du reste, autant de variétés d'orthographe que celui que nous venons de citer en dernier.

Nous savons en outre quelle simplification de tracé

la sténographie apporte à l'écriture des mots déjà soumis aux règles de l'orthographe logique. Au lieu des jambages nombreux de мо et de ом, la sténographie écrira ⟩○ et ○⟩, et en liant ces caractères

∂ et ૭

Les mots « l'homme, pitié, changeant, » — en passant par l'orthographe logique deviendront « LOM, PITIÉ, CHAJA; — en arrivant à la sténographie, « ∩○⟩ « |⌣/⌣— » ⟵—ȯ ⟶—ȯ » et

si nous lions leurs caractères ૭ ⸹ ⟵ṿṿṿ.

Nous pourrions multiplier ces exemples, si cela était nécessaire. Ils suffisent à démontrer les avantages singuliers de la liaison des signes, avantages beaucoup plus sérieux en sténographie qu'en écriture usuelle. En effet, la sténographie n'employant que des traits fort simples, ils se trouvent, en se rapprochant, se prêter un mutuel secours; ils se tracent plus facilement; les boucles, entr'autres, se forment presque entièrement par le rapprochement des traits qui les renferment. Les règles de ces liaisons sont d'ailleurs fort simples et s'accordent aux tendances instinctives de la main.

La plus importante consiste à éviter toute levée de plume inutile, et à joindre le signe qui suit au signe précédent, en commençant le second dès que le premier se termine. Bien qu'ils conservent toujours leur forme originale, ils peuvent se faciliter leur tracé par de légères inflexions ; aussi est-il indispensable, en écrivant un signe, d'avoir présente à la pensée la forme de celui qui va suivre.

La main courra en outre de gauche à droite, en glissant légèrement sur le papier, et en évitant de s'élever ou de s'abaisser. Les traits montants ou descendants devront résulter d'un simple mouvement de doigts, sans que le poignet soit entraîné, autant que possible.

Ces règles générales ont des subdivisions que nous allons passer en revue, et qui sont moins nombreuses et moins compliquées qu'on pourrait le penser.

En effet, en procédant par voie d'élimination, on va voir que notre besogne se réduit extrêmement. Nous devons d'abord écarter de nos préoccupations les voyelles pointées ou sons nasals, ainsi que les consonnes accentuées. Comme dans l'écriture usuelle, les points et les accents ne se placent qu'après que le mot est entièrement tracé ; les liaisons sont par conséquent absolument indépendantes de ces signes accessoires.

Nous n'avons donc à nous occuper que des liaisons des signes principaux. Nous pouvons remarquer en même temps que la dimension d'un signe ne peut influer sur le principe qui préside à sa liaison, puisque cette liaison n'engage que son extrémité. Il en résulte que nous n'avons à établir aucune différence entre les voyelles et les consonnes, à ce point de vue ; — si bien qu'il ne nous reste en réalité qu'à convenir des liaisons qui peuvent exister entre la

boucle   o   ou   ◯   ,

les quatre traits droits | ——   \   /   , et

les quatre traits courbes   (∪   )   ⌒   , en

tenant compte toutefois de la différence de tracé de R et de T.

Nous n'avons pas besoin d'insister là-dessus. Les deux boucles de l'A et de l'O, les courbes décrites dans le même sens se joindront d'une manière uniforme aux traits-avoisinants. Quant à l'E, qui représente l'ensemble des lignes droites de petite dimension, nous assimilerons ses liaisons à celles des grands traits consacrés aux consonnes.

Quand nous disons que la sténographie s'écrit de gauche à droite, nous ne nous dissimulons pas que

le tracé du T   /   et des courbes   (et   )   ramène

partiellement l'écriture vers la gauche. Mais ces légères exceptions ne détruisent pas plus la règle générale, que l'inclinaison de l'écriture française, qui s'abaisse continuellement vers la gauche, sans cesser de marcher à droite toutefois.

Il est temps d'en arriver aux règles et aux exemples :

1° L'E, formé d'un petit trait droit, se lie à volonté ; on ne consulte pour l'écrire que la nécessité de le distinguer nettement des caractères qui le suivent ou le précèdent.

Ainsi l'on écrira :

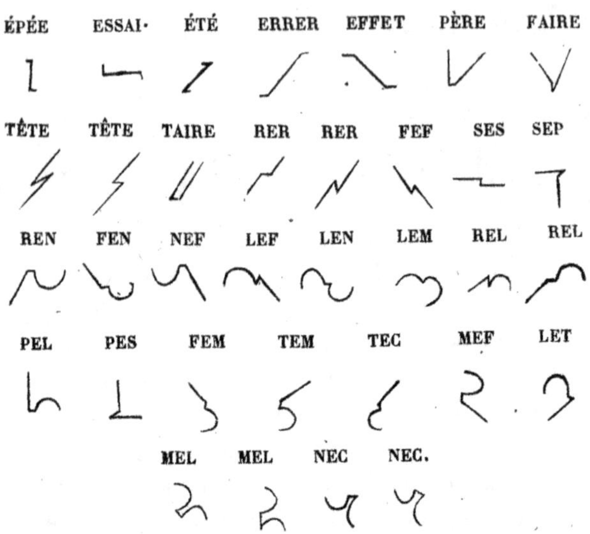

Nous avons donné, dans ces exemples, quelques
doubles figures des mêmes liaisons pour « tête, rer,
rel, mel, nec ; — il n'y a en effet aucune règle absolue,
et l'écrivain peut tracer les signes, suivant l'inclinaison qui lui vient le plus facilement.

2º Les grands traits droits se lient entre eux naturellement ; ils conservent leur direction convenue et
s'attachent par leurs extrémités.

Nous écrirons par conséquent :

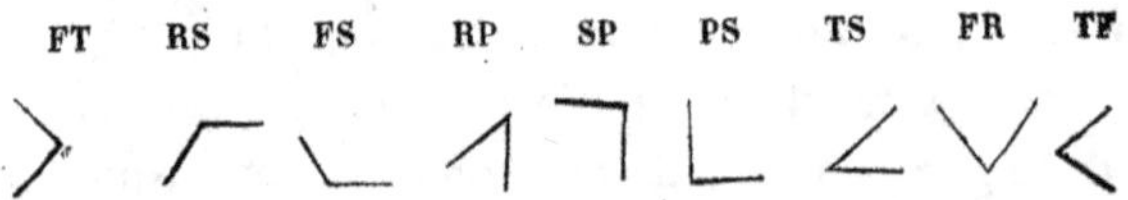

Lorsqu'il y aura rencontre de ʀ et de ᴛ, qui s'inclinent dans le même sens, on fera varier légèrement cette inclinaison, de manière à leur faire former un angle très-aigu ; l'on écrira :

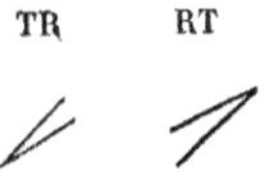

Quand deux consonnes pareilles, formant deux traits droits semblables, se rencontrent, ce qui arrive lorsque la première n'est séparée de la seconde que par un ᴇ muet qui se supprime, on prolonge le trait de façon à le doubler à peu près. Il est certain que la dimension inusitée des signes doubles ne permettra pas de les confondre avec les signes simples. Nous écrirons donc :

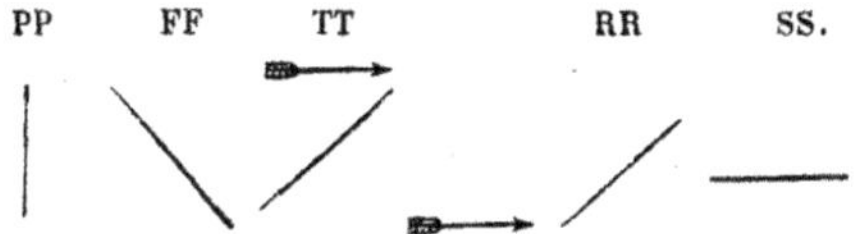

3° Les traits droits et les traits courbes, qui présentent dans leurs liaisons toutes les variétés d'attache possible, se lient d'après les mêmes procédés, en conservant leur forme et leur direction de tracé ; ils se joignent par leurs extrémités, en soudant la fin de l'un au commencement de l'autre.

Nous allons voir toutefois que dans quelques-uns des exemples suivants, la forme de certaines courbes doit se modifier légèrement, pour pouvoir rester tangente aux traits obliques qui la couperaient sans cet étranglement.

Voici une série d'exemples qui comprend à peu

près tous les cas de liaisons qui peuvent se présenter :

TRAITS DROITS SUIVIS DE TRAITS COURBES :

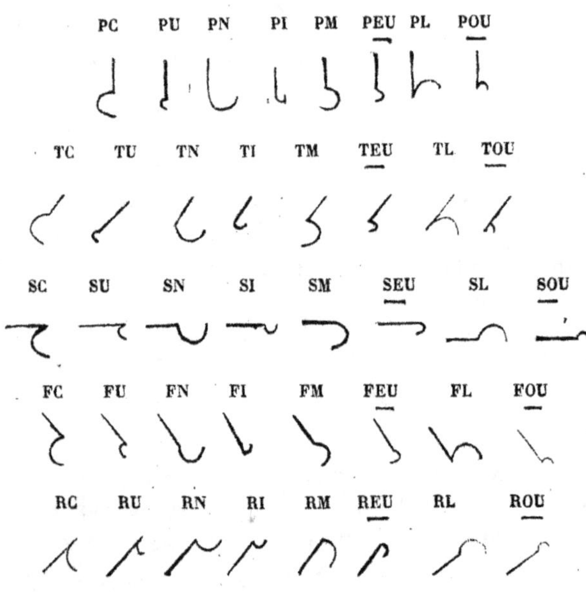

TRAITS COURBES SUIVIS DE TRAITS DROITS

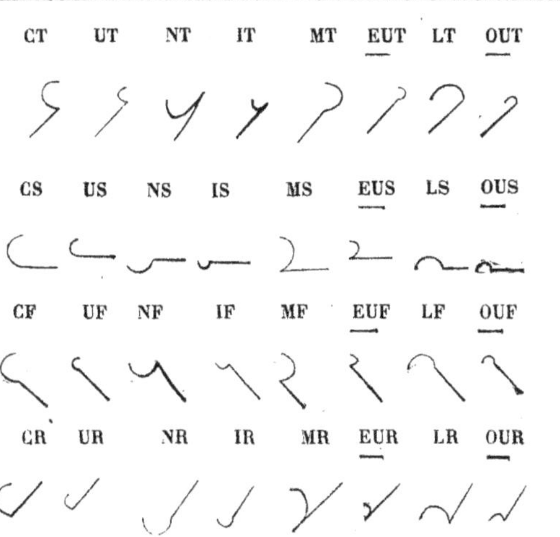

Dans ces deux séries d'exemples nous avons pu constater quelques cas où les formes des courbes se sont modifiées. On en distingue quatre dans le premier tableau :

et quatre dans le second,

Pour donner une série d'exemples tout à fait complète, nous avons employé indistinctement les grandes ou les petites courbes. On voit que les liaisons sont absolument indépendantes de leur dimension.

4° Les traits courbes se lient entre eux d'après

des règles analogues, en s'accrochant simplement l'un à l'autre. Quelques signes subissent par leur rapprochement un étranglement plus prononcé encore que dans les liaisons précédentes.

Nous écrirons :

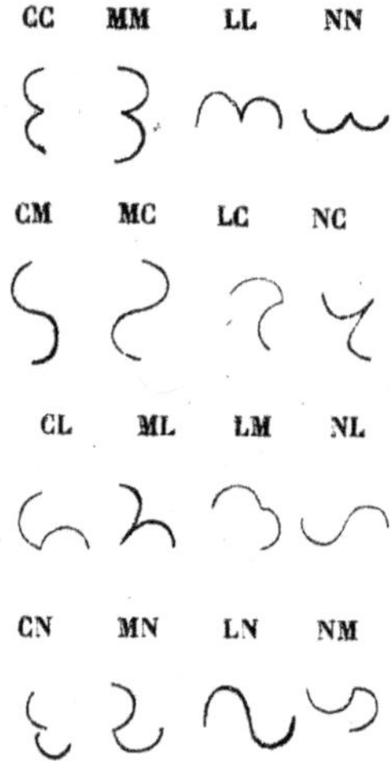

Les grandes courbes se remplaceraient par des petites, partiellement ou complétement, que cela ne changerait rien au mode de liaison. On écrirait :

Les courbes réunies dont les liaisons modifient la forme sont celles-ci :

ML	NC	MOU	EUL	EUOU	NU	IC	IU

5° La règle de liaison des boucles n'a rien de compliqué, mais il est important de bien l'entendre, car c'est d'elle surtout que dépend la facilité et la rapidité de l'écriture sténographique.

Il est entendu qu'on ne fait aucune distinction entre les cercles de l'o et de l'a, au point de vue des liaisons, et que nous emploierons indifféremment, dans nos exemples, l'une ou l'autre de ces voyelles.

Les règles qui président à la liaison des boucles sont au nombre de quatre :

I. Quand la boucle est comprise dans l'intérieur du mot, entre deux traits formant un angle quelconque à leur rencontre, on la place au sommet extérieur de l'angle ainsi formé, — de sorte qu'elle se trouve tracée naturellement par les prolongements des dits traits, qui, au-delà du sommet de l'angle, s'arrondissent pour la fermer.

L'angle dont nous parlons peut être produit, soit par deux traits droits, soit par deux traits courbes, soit par un trait courbe et un trait droit; il suffit que les traits se coupent à leur rencontre.

La forme arrondie des boucles sténographiques se trouve sans doute modifiée par ce procédé d'écriture; elles s'allongeront d'autant plus qu'elles dépendront d'un angle plus aigu. Cela est sans inconvénient, et ces allongements, au contraire, sont favorables au mouvement de la plume de l'écrivain.

Voici une série d'exemples à l'appui de cette première règle :

PAS PAR POS POT PAF FAP FOS FAT FAR

FAS SAR SOT SOP SOF SAT TAS TOP TOS

TOR TAR TOF RAP RAT RAS RAF ROT CAR

CAP CAF COT COR MOP MAF MAS MAT MAP

MOS MOR LAS LAF LOS LOT LAR LAT NAP

NAF NAS NOT NAR NAT NOP POC PAC PAM

POL PAL POC FAM FOL FAN FAL FAC

SAC SAL SAN TAC TAM TOL TAN RAC RAM

ROL RAN COC CAC CAL CAN MOM MAL MOL

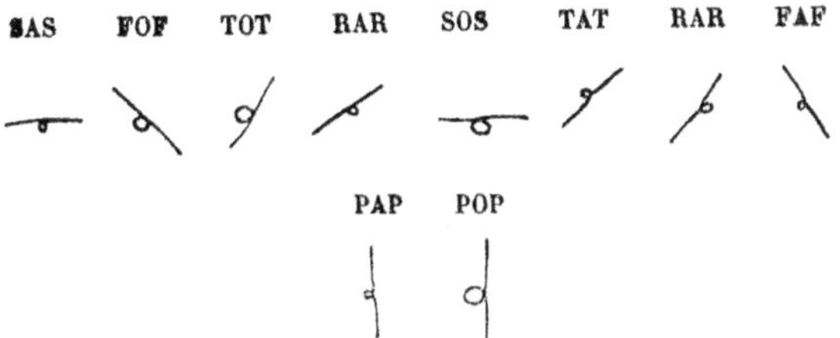

II. Quand il n'y a pas d'angle formé par la rencontre des deux caractères qui sont unis par la boucle, elle se trace EN SENS INVERSE de l'o de l'écriture usuelle.

Nous appuyons sur cette recommandation : Quoi que puissent en penser nos élèves, elle facilite singulièrement l'écriture, et ils ne tarderont pas à lui rendre justice.

Voici quelques exemples se rapportant à ce cas.

Quand la boucle est renfermée entre deux traits droits :

Quand la boucle est entre deux traits courbes :

Quand la boucle est entre un trait droit et un trait courbe :

PAN   CAS   LAP   SAM

III. Quand la boucle, commençant ou finissant un mot, se trouve accolée à une courbe, elle se trace dans l'intérieur de la courbe. Ainsi nous écrirons :

OC   AC   LA   LO   CA   CO   MA   NA   NO

AM   OM   AL   AN   OCO   OLO   ANA   ONO

ANO   ONA   OLA   ALO   ACO   OCA   ALA   ACA   OMA

AMO   OMO   AMA

Une difficulté apparente semble s'opposer à cette règle : on peut avoir à faire entrer la grande boucle de l'o dans les petites courbes des voyelles. On tourne l'obstacle en allongeant la boucle hors de la courbe, de façon à ce qu'on ne puisse la prendre pour un A. Ainsi l'on écrit :

OUO   OÏ   OOU   OEU   OUA   AÏ   AÜ   AEU

IV. Quand la boucle, commençant ou finissant un mot, se trouve unie à un trait droit, on la trace toujours en sens inverse de l'o de l'écriture usuelle. Nous écrirons par conséquent :

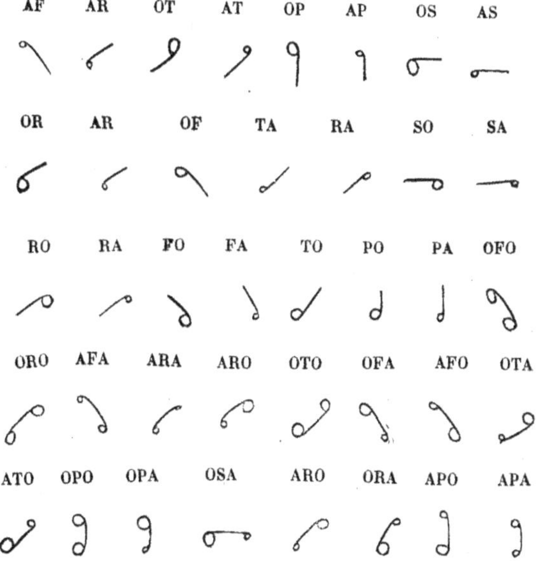

Tous les cas de liaisons se trouvent prévus par ces règles, et sont représentés dans ces exemples.

SEPTIÈME LEÇON

La liaison des mots se fait en sténographie d'une manière toute naturelle, quelque compliqué que paraisse d'abord l'enchevêtrement de leurs caractères. Il suffit, en effet, d'appliquer successivement les règles des liaisons des signes à toutes les lettres du mot, de façon à ce qu'il ne forme qu'un monogramme. Nous écrirons donc sans difficulté les mots les plus longs, tels que ceux-ci :

CONSTITUTIONNELLEMENT

INNAVIGABILITÉ

INCOMMENSURABLE

INFUNDIBULIFORME

INDESTRUCTIBLE

Ces mots à nombreuses syllabes ne sont fâcheux que lorsqu'ils montent ou descendent outre mesure, de façon à gêner l'écriture voisine. L'ascension est peu à redouter, car il n'est pas de mots français où le ʀ se prononce plus de deux fois, et c'est le seul caractère qui relève la sténographie; la descente exagérée est beaucoup plus fréquente.

La mesure d'interligne qu'il convient d'adopter pour écrire clairement est une double longueur de grand caractère. Quand on fait de la sténographie exacte, il est bon d'écrire sur des lignes régulièrement espacées. Il ne faut pas s'inquiéter des mots qui s'écartent de l'horizontale, même au delà de l'interligne inférieur; l'écrivain veillera simplement à éviter les rencontres de traits, ce qui lui sera toujours facile. Au bout de quelque temps, et dès qu'on aura l'habitude de conduire son écriture, on pourra renoncer au papier réglé, mais son usage nous paraît indispensable au début, pour assurer la grâce et la netteté de la sténographie.

Nous ne nous appesantirons pas sur l'utilité de retenir la physionomie des mots, qui deviendra bientôt familière aux élèves, s'ils s'exercent à écrire souvent. Quelques-uns ont une allure presque élégante, tels que :

TOUJOURS   DEMANDE   AUTOMATE   MOMENT   MÉMOIRE   MEMENTO

Quelques autres semblent présenter des difficultés

de tracé, qu'on ne s'explique pas au premier abord :

FAVEUR   VELARIUM   VIVIER   MELUN   INGÉNU

Cela vient, pour quelques-uns de ces mots, de l'obligation d'écrire l'oblique penchée à gauche, qui ne se rencontre pas dans l'écriture usuelle et qui rompt les habitudes de la main; — et pour les autres, des contractions de courbes nécessitées par les liaisons. Nous ne touchons à ce sujet que pour prémunir nos lecteurs contre ces légers obstacles qui disparaîtront très-rapidement.

Il y a de sérieux avantages à retirer de la gène imposée à la main dans les premières études, auxquelles il faut donner beaucoup d'attention. On doit insister sur les mouvements auxquels on se sent rebelle. La sténographie, par sa formation naturelle, est éminemment propre à s'écrire à main levée, et c'est ce qui la rend surtout utile, pour prendre des notes de voyage. Elle se déforme bien moins que l'écriture, sous l'influence d'une agitation ou d'une trépidation quelconque.

Il n'y a donc en réalité aucun mot difficile à écrire en sténographie; si nos élèves en jugeaient autrement, nous leur donnerions un conseil bien simple. Qu'ils écrivent plusieurs centaines de fois le mot qui les effraie, et non-seulement la difficulté sera vaincue, mais il se familiariseront avec le tracé de tous les mots de forme analogue.

Les seuls mots qui échappent à nos règles de liaisons sont si peu nombreux qu'on ne saurait s'en inquiéter. Ce sont ceux dans lesquels les deux boucles, l'o et l'A se rencontrent.

On peut avoir à écrire les mots suivants :

CHAOS   COHORTE   OASIS   AORISTE   AARON

Ils se tracent ordinairement en deux monogrammes :

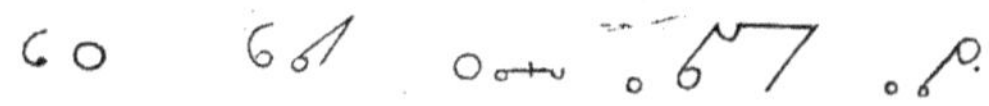

On peut les réunir en un seul, à la rigueur :

Mais la préoccupation d'écrire un caractère inusité, en dehors des règles admises, trouble et retarde l'écrivain ; il est donc préférable de diviser le mot.

L'APOSTROPHE se supprime absolument dans l'écriture sténographique. Ainsi l'on écrira :

C'ÉTAIT L'AMI D'HORACE QU'ON APPELAIT MÉCÈNES

Les lettres finales, qui ne se prononcent pas quand le mot est isolé, mais qui forment des liaisons avec les voyelles qui peuvent les suivre, se suppriment également. C'est une contravention au précepte d'écriture logique qui veut qu'on écrive toutes les lettres qui s'entendent ; mais nous verrons plus loin, en parlant des liaisons irrégulières, que cette règle souffre des exceptions.

Nous écrirons provisoirement :

SES   AMIS   AYANT   ÉTÉ   A   PARIS

IL   EUT   ENVIE

Cette règle n'est pas applicable aux lettres finales qui sonnent quand le mot est seul. Écrivez :

JADIS   DOT   COR   BOAT   BŒUF

Les traits d'union, séparant les parties d'un mot composé, se suppriment comme les apostrophes, et le mot s'écrit en un seul monogramme :

LONGTEMPS   C'EST-A-DIRE   AVANT-VEILLE   TÊTE-BÊCHE

TIRE-LIGNE   ARC-EN-CIEL   PÊLE-MÊLE   CHOU-FLEUR

PORC-ÉPIC.

Il y a toujours avantage à éviter les levées de plume, mais il n'est plus permis alors de supprimer les lettres qui président aux liaisons intérieures des mots.

Dans *c'est-à-dire*  on rétablira le T pour

écrire . Dans *arc-en-ciel* et *porc-épic* on con-

servera le c mixte pour écrire

La série des mots composés peut s'étendre singulièrement au bénéfice de la sténographie. On doit considérer comme tels certaines expressions qui représentent, par plusieurs mots, une idée à peu près simple. On écrira en un monogramme :

ET VICE VERSA   TOUT A COUP   SENS DESSUS DESSOUS

L'écrivain pourra toujours se permettre ces enchaînements, quand il sera sûr de ne point compromettre la clarté de son écriture. Cela nous conduit naturellement à la formation des liaisons irrégulières, dont nous allons parler tout à l'heure.

Il ne faut jamais s'occuper de pointer ou d'accentuer les signes sténographiques, avant d'avoir fini de tracer le monogramme qui les renferme. On sent combien il est important d'éviter les levées de plume inutiles. Quand on a tracé complétement un mot, on sait quelles sont les consonnes et les voyelles dont la prononciation doit être modifiée, et, par un mouvement rapide, on les barre ou on les pointe. Cette recommandation est, du reste, conforme aux usages de l'écriture française.

C'est tout. Nous voilà possesseurs, dès à présent, de tous les secrets de la sténographie exacte, la seule que nos élèves puissent d'abord pratiquer avec fruit. Ce n'est que quand ils la posséderont entièrement qu'ils devront aborder la sténographie suffisante.

Pour en arriver là, il leur faudra se livrer à des exercices fréquents d'écriture et de lecture, en se conformant rigoureusement aux règles que nous leur avons fait connaître. Nous les engageons à tracer d'abord de forts caractères bien dessinés, très-lisibles, très-distincts. En cas d'erreur, qu'ils n'essaient pas de corriger le mot écrit; qu'ils l'effacent et le recommencent. Leur écriture doit être peu inclinée; il faut éviter de faire des pleins et d'appuyer sur la plume, ce à quoi l'on n'est que trop porté. L'écriture, ainsi formée, devra avoir l'aspect du modèle suivant : — Ce sont les vers de Victor Hugo sur Booz, que nous avons donnés plus haut.

Lorsque l'élève sera plus exercé, et que les mots sténographiques arriveront sous sa plume, sans qu'il soit obligé de consulter notre alphabet ou nos règles, il pourra céder peu à peu aux inclinations de sa main ; son écriture prendra de l'allure et de l'accent, et s'inclinera légèrement vers la droite. Quelques pleins apparaîtront dans les courbes ; la plume, dans un essor plus rapide et plus régulier, devinera les spéculations de notre méthode, les finesses qui ne s'enseignent pas, — et entr'autres les avantages du tracé ascensionnel de ʀ qui relève l'écriture constamment précipitée. La régularité géométrique des premiers essais deviendra moins roide et plus harmonieuse ; les caractères se réduiront d'eux-mêmes, et les élèves feront bien de veiller à ce que cet amoindrissement ne dépasse pas certaines bornes. C'est quand ils écriront la sténographie presque machinalement, en reproduisant le son par le signe, sans penser à la lettre traduite, qu'ils toucheront à peu près le but. Ils pourront ouvrir alors un champ libre à leur plume, et ils acquerront une rapidité qui ne leur coûtera aucun effort.

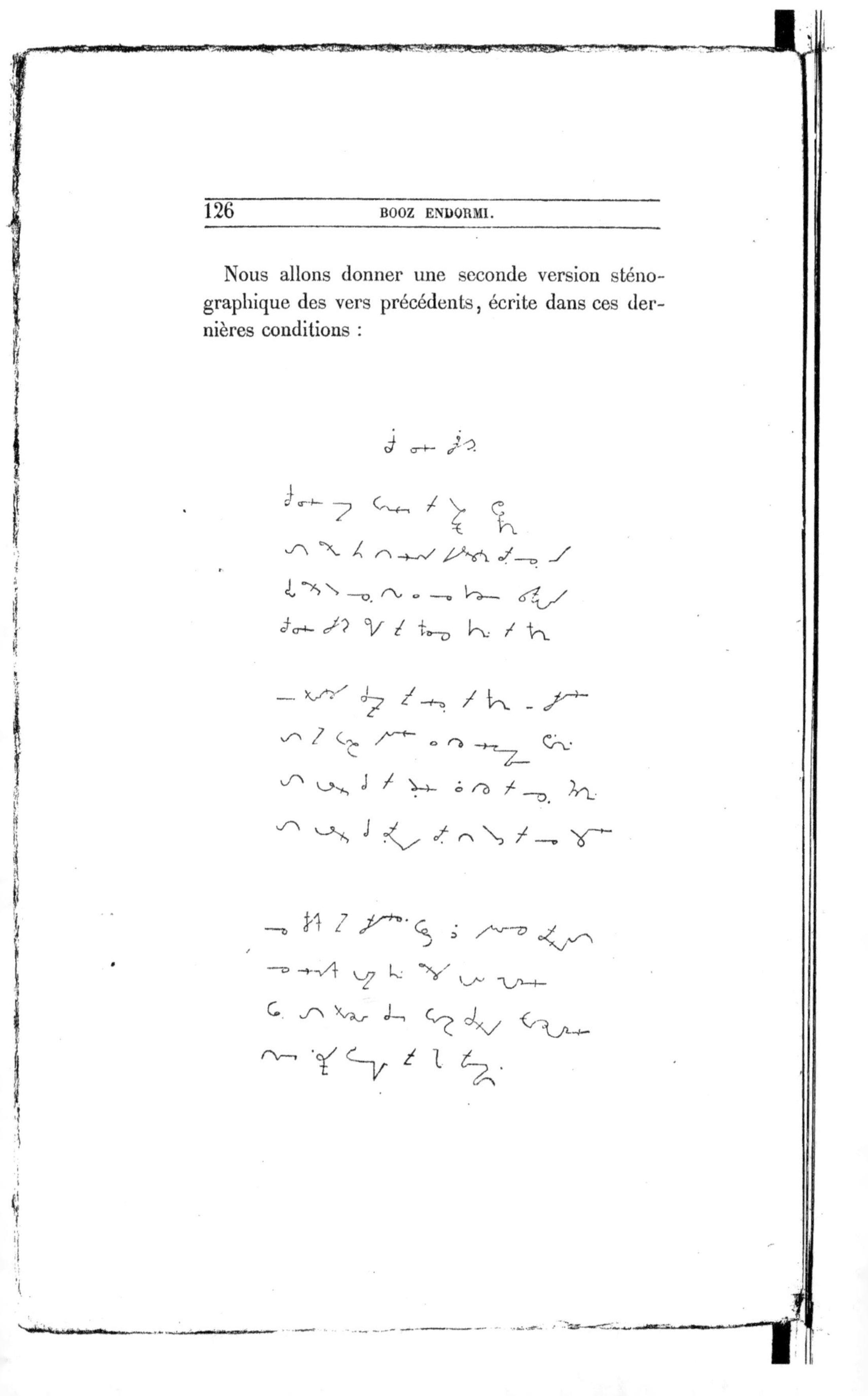

Nous allons donner une seconde version sténographique des vers précédents, écrite dans ces dernières conditions :

On voit qu'il existe entre les deux modèles sténographiques que nous venons de donner, la différence que l'on constate entre l'écriture posée d'un calligraphe et l'écriture expédiée d'un bon écrivain. Nous croyons qu'il serait dangereux et maladroit de réduire davantage le format des caractères sténographiques, quoique la plupart des systèmes n'établissent à cet

égard aucunes limites. Comme la sténographie exacte
et la sténographie suffisante ont des rapports intimes, en s'habituant à écrire la première sur une
trop petite échelle, on arriverait à griffonner la seconde d'une manière inintelligible. — Nous ne donnerons donc qu'un seul exemple de sténographie
très-réduite, et encore est-ce à titre de curiosité,
ou plutôt pour montrer quelles réductions de forme
il faut éviter.

Pour fournir à nos lecteurs quelques autres modèles de sténographie exacte, nous leur donnerons, en outre, les cinq fables de Lafontaine que nous avons déjà traduites en écriture logique. Les voici dans l'ordre suivant :

Le Lion et le Rat. — La Colombe et la Fourmi. —Le Laboureur et ses Enfants. — La Grenouille qui veut se faire aussi grosse que le Bœuf. — Le Rat de ville et le Rat des champs.

9

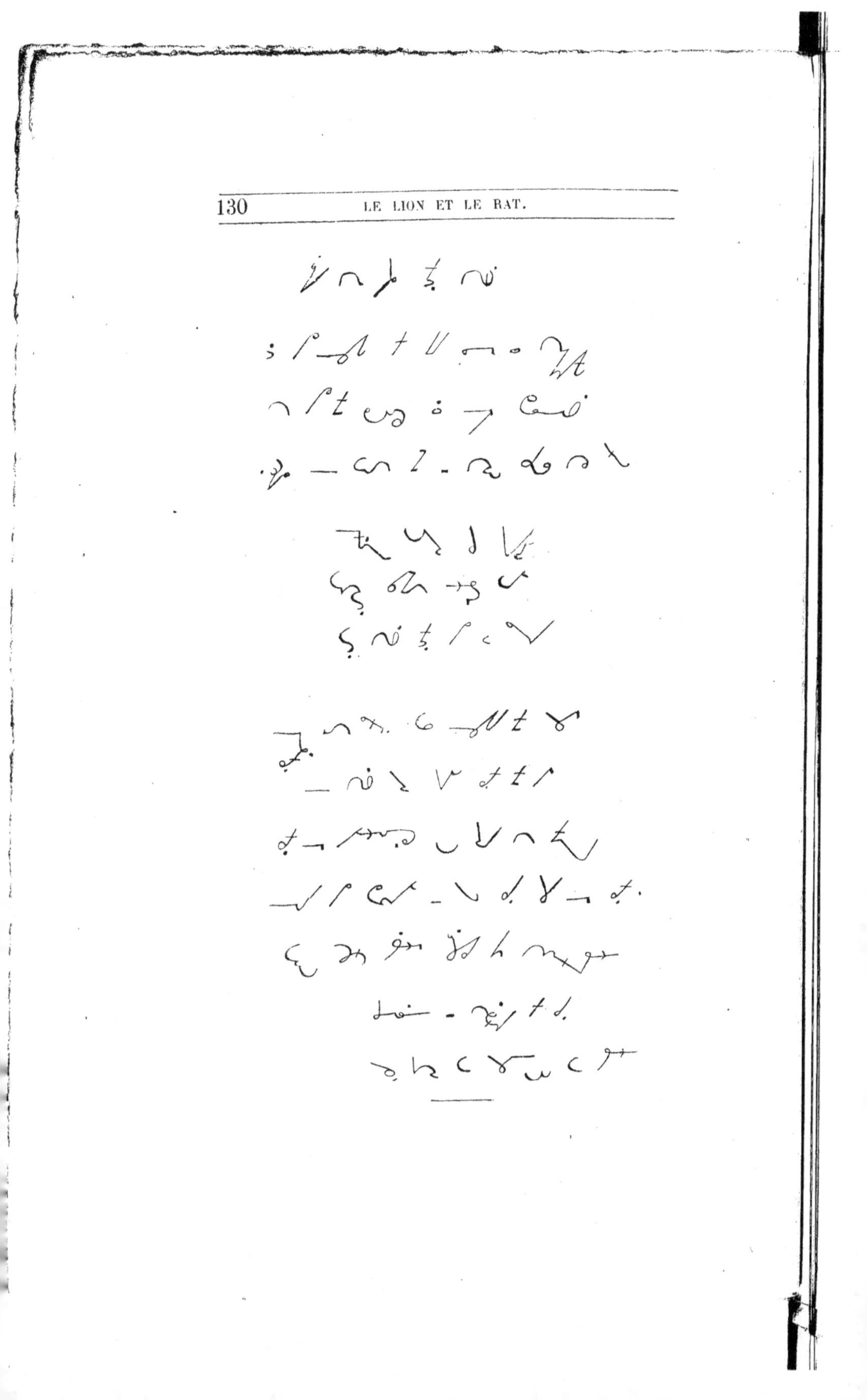

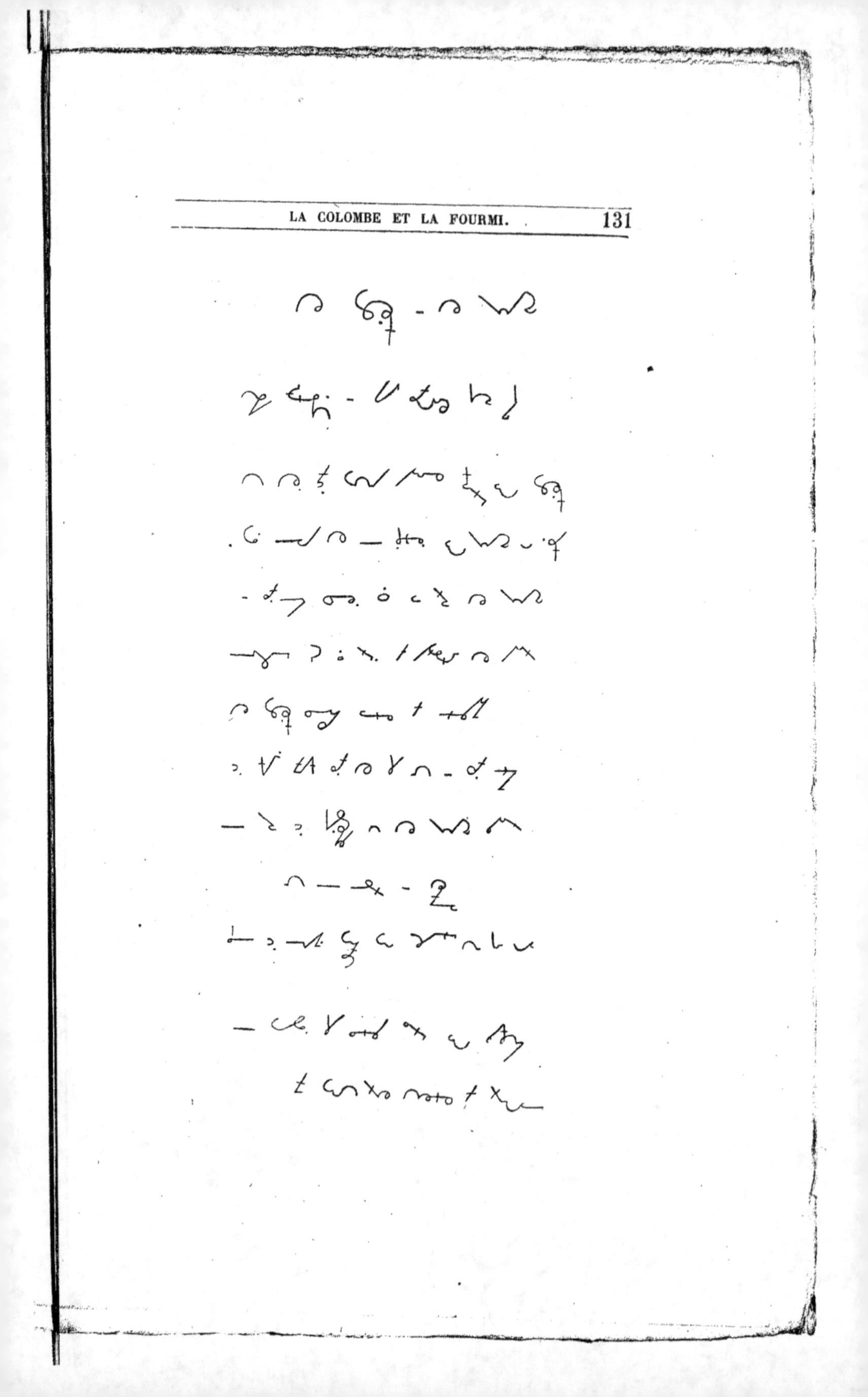

Le Laboureur et ses Enfants.

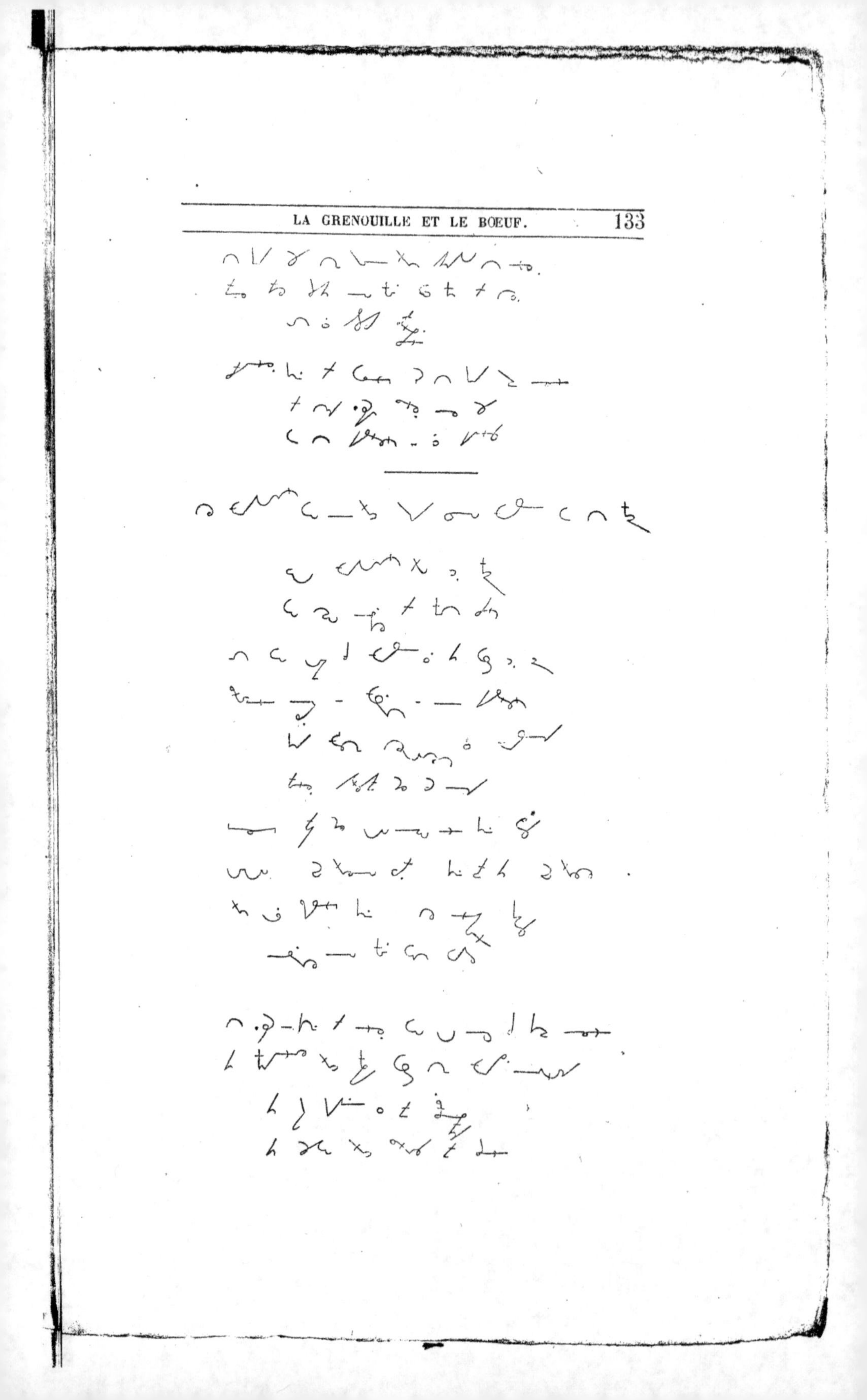

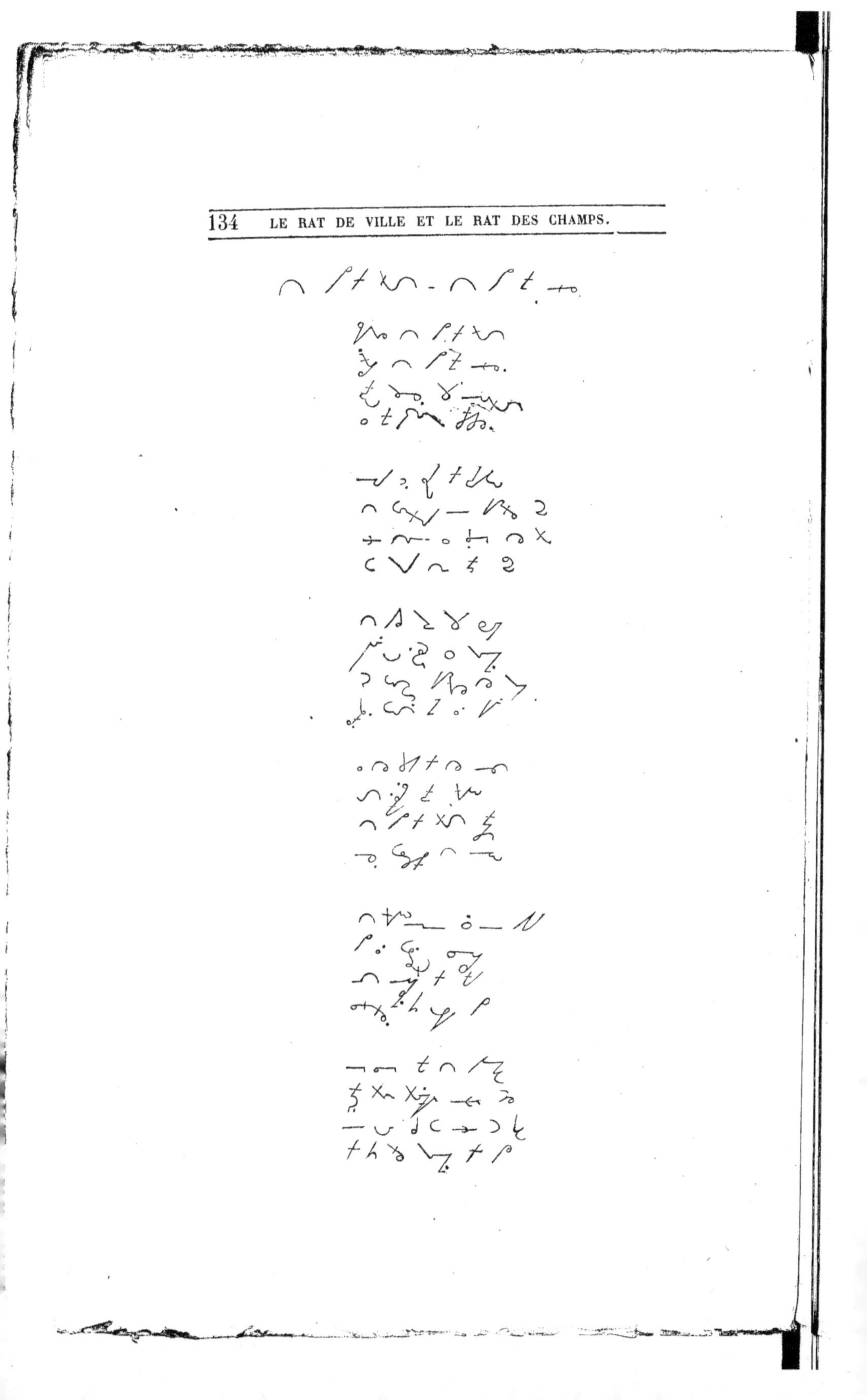

DES LIAISONS IRRÉGULIÈRES.

Nous ne pouvions nous occuper des liaisons irrégulières avant d'en avoir fini avec l'agencement des mots. Ces liaisons spéciales relèvent de la contexture des phrases et des facilités de l'écriture. Nous ne croyons pas qu'aucune méthode s'en soit occupé sérieusement, bien que tous les sténographes les mettent en usage.

Les liaisons irrégulières, destinées à donner de la rapidité, et accessoirement de l'élégance à la sténographie, consistent à rassembler en un seul monogramme deux ou plusieurs mots, ou à rattacher à un mot principal les mots accessoires qui le précèdent ou le suivent.

On ne peut établir aucune règle positive à cet égard. Mais ces enchaînements doivent résulter des tendances naturelles de l'écriture et ne pas lier des phrases de sens coupé. Chaque monogramme ainsi tracé ne peut réunir que des mots que ne sépare aucune ponctuation. C'est la plume qui décide d'ailleurs de l'opportunité des liaisons; — et de même que nous avons été conduits, par la rencontre des boucles, à écrire un seul mot en deux monogrammes, de même plusieurs mots peuvent se lier entr'eux, quand leur forme les y convie.

Nous nous ferons mieux comprendre en donnant un exemple de ces liaisons, en écriture usuelle et en sténographie, dans la version d'une de nos fables : *Le Rat de ville et le Rat des champs.*

Voici de quelle façon seront disposés nos monogrammes.

LE RAT — DE VILLE — ET LE RAT — DES — CHAMPS.

Autrefois le rat — de ville
Invita — le rat — des champs
D'une façon — fort civile
A des reliefs — d'ortolans.

Sur un — tapis de — Turquie
Le couvert — se trouva mis —
Je laisse — à penser — la vie
Que firent — les deux— amis.

Le repas fut — fort honnête
Rien ne manquait — au festin
Mais quelqu'un — troubla — la fête
Pendant — qu'ils étaient — en train.

A la porte — de la salle
Ils entendirent — du bruit
Le rat — de ville — détale
Son — camarade — le suit.

Le bruit cesse — on se retire
Rats — en campagne aussitôt
Et le citadin — de — dire
Achevons — tout notre — rôt.

C'est assez — dit le rustique
Demain — vous viendrez chez moi
Ce n'est pas que — je me pique
De — tous vos — festins — de roi

Mais rien — ne vient — m'interrompre
Je mange tout — à loisir
Adieu donc — fi du — plaisir
Que la — crainte — peut corrompre.

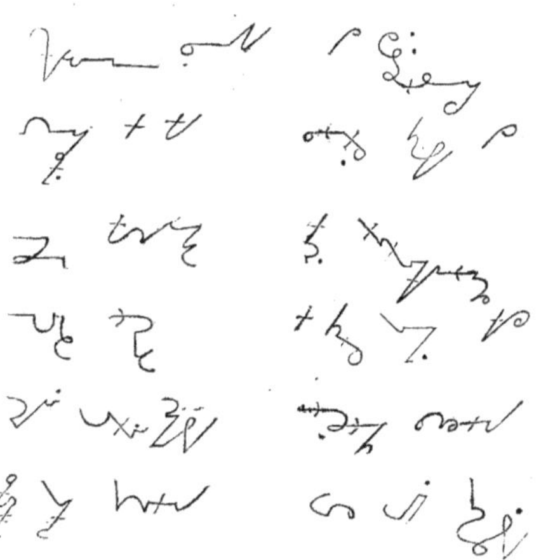

On voit que l'emploi des liaisons irrégulières a réduit à *soixante-quinze* plus de cent cinquante monogrammes qui figurent dans la première version de
cette fable. Il y a donc économie sérieuse de temps,
puisqu'on ne lève la plume qu'une fois au lieu de
deux. Toutefois, il faut fuir l'exagération en toutes
choses. Dans la fable citée, nous avons poussé les
liaisons irrégulières jusqu'à leurs dernières limites ;
un grand nombre de vers ne forment que deux monogrammes. On ne saurait les étendre davantage sans
danger. Les liaisons irrégulières s'arrêtent devant
les rencontres de traits dirigés dans le même sens,
ou lorsque l'écriture s'éloigne trop de la ligne horizontale.

Il faut les éviter surtout dans ce dernier cas, si
elles occasionnent le moindre déplacement de main
dans un sens vertical. On perdrait à ce mouvement
plus de temps que n'en aurait fait gagner la liaison.

Il ne faut donc réunir que les mots dont l'enchaîne-
ment s'opère par la simple inflexion des doigts et
dans un sens favorable à l'écriture.

Nous ne défendrons pas absolument tous les monogrammes de la fable précédente. Quelques-uns

comme : « Vous viendrez chez moi   »,

« En campagne aussitôt   ,» sont d'un mou-

vement un peu compliqué, et à moins d'être un
sténographe émérite, on aura avantage à écrire

«   » ou «   ,» qui sont presque

aussi rapides.

On ne doit pas se préoccuper, du reste, de ces liaisons irrégulières, ni les chercher et les poursuivre ;
c'est assez qu'on sache qu'on peut se les permettre.

L'exemple cité montre combien elles sont capricieuses. Elles laissent isolés des monogrammes mo-
nosyllabiques, et lient ensuite trois et quatre mots à
la file. La science et l'usage de ces liaisons seront
donc appris par la pratique même et par la tendance
naturelle de la plume à la rapidité.

Le développement de la sténographie est très-ca-
pricieux, et pour en donner quelques exemples, et
montrer en même temps à quels dangers peut entraîner l'emploi des liaisons irrégulières poussé à
l'extrême, nous citerons quelques vers de notre épi-
sode de Booz, écrits chacun en un monogramme.

Le premier peut se tracer d'un trait sans écart dangereux :

La raison en est qu'il renferme un grand nombre de ʀ qui relèvent l'écriture ; — le vers suivant n'en contient pas et tombe rapidement :

Celui-ci ne lui cède en rien :

Non plus que celui-ci :

Il y a une sorte de régularité dans les trois derniers exemples que nous venons de citer. Voici un
exemple de direction oblique descendante :

Voici enfin une forme complexe :

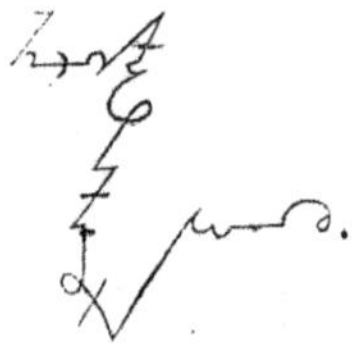

Nous n'insisterons pas là-dessus et répèterons encore une fois que la véritable règle consiste à éviter
les mouvements inusités ou exagérés, et à n'accueillir
que ce qui peut favoriser la rapidité de l'écriture
sans porter atteinte à sa clarté.

HUITIÈME LEÇON.

—

Noms propres. — Nous sommes arrivés au dernier période d'initiation, et il ne tient qu'à nous maintenant de devenir sténographes. Il ne peut être question désormais que de perfectionnements à apporter à la science acquise; un travail assidu et des dispositions naturelles seront nos meilleurs auxiliaires.

Il faut pourtant nous occuper de quelques questions d'une importance secondaire, qui ne laisseraient pas d'embarrasser nos élèves, si nous les passions sous silence.

Ainsi, l'orthographe logique, dont les avantages nous sont connus, est une véritable pierre d'achoppement, quand, dans le texte qu'on reproduit, on rencontre un nom propre d'individu, de ville ou de chose. Il est certain que si ce nom est populaire ou connu, s'il se lie au fond du sujet d'une manière intime, la difficulté est à peu près vaincue. On n'éprouvera aucune hésitation à lire Paris, Londres, Amsterdam, New-York, — Pierre, Richard, Gabriel, — L'Intrépide, le Francklin, la Belle-Poule, — sur le vu de ces noms écrits en sténographie. Mais c'est là l'exception, et la plupart des noms propres sont tels, qu'il est dangereux d'en dénaturer l'orthographe.

Malgré ce danger pourtant, il n'est pas possible de renoncer à l'orthographe exacte, qui est un apanage naturel de la sténographie. Tout ce qu'elle peut faire, c'est de frapper les noms propres d'une marque distinctive, pour éviter de les confondre avec le reste du texte. Si l'on suit la parole, on écrira simplement les sons entendus ; puis, à la traduction ou à la lecture, on s'informera, on consultera les dictionnaires et les ouvrages spéciaux, on se livrera aux recherches que ferait tout écrivain dans le même cas, — si le nom lui était étranger.

Si l'on copie un texte renfermant des noms propres peu connus et dont on craint de ne pas retenir l'orthographe, on les écrit en caractères usuels, la première fois qu'ils se présentent. Quand on les retrouve plus loin, on peut non-seulement les écrire en sténographie, mais se borner à tracer leurs premières lettres, qui rappelleront le nom tout entier. Nous donnerons plus loin un exemple de cette spéculation.

Il est entendu, sans qu'il soit nécessaire de s'appesantir là-dessus, que tous les mots techniques, étrangers, incompris, qu'on jugerait rebelles au souvenir, doivent se ranger dans la même catégorie.

Nous devons ici proscrire un procédé, admis dans quelques méthodes, et qui consiste à écrire les noms propres en toutes lettres, *en sténographie,* quand on veut en retenir l'orthographe. Ce biais a de nombreux inconvénients, et le plus grand est d'entraîner un retard évident, en faisant hésiter la plume, obligée de renoncer soudainement à toutes les règles qui la guident.

On pourrait d'autant moins en agir ainsi dans notre méthode, que nous avons supprimé quatre lettres de l'alphabet, que nous ne saurions traduire. Il est facile de voir combien l'opération serait absurde. Supposons que nous voulions différencier les noms Laurent — et Lorenz — que la sténographie écrit également ; nous aurions, en ne négligeant aucune de leurs lettres et

Il est clair qu'il sera beaucoup plus court de les écrire en lettres françaises.

Nous avons parlé d'une marque distinctive, propre à faire reconnaître les noms propres dans un texte écrit. Si nous cherchons quelle peut être cette marque, la question de temps, qui est notre préoccupation première, nous fera rejeter les soulignés et les parenthèses.

Il est évident que le moyen le plus simple et le plus rapide de distinguer un mot sera de l'isoler ou de le placer entre deux espaces notoirement plus grands que ceux qui sont réservés au reste de l'écriture. Il suffit pour cela de prolonger la levée de plume d'un temps inappréciable, certainement plus court que celui qu'emploierait toute autre accentuation.

Les noms propres d'ailleurs s'écriront en sténographie exacte, dans tous les cas, quand on les écrira en sténographie.

Supposons que nous trouvions dans un texte à copier la phrase suivante, et que les noms propres qu'elle renferme ne nous soient pas tous familiers :

« Un soldat de génie, Vercingétorix, parvint à réveiller des sentiments d'indépendance chez les Gaulois abrutis sous le joug. Une ligue formidable se forma, dans laquelle entrèrent les Éduens. César, repoussé de Gergovie, faillit tomber au pouvoir de Vercingétorix, à qui la fortune parut d'abord sourire. Mais, victime de basses jalousies, abandonné par les Éduens et ses autres alliés, Vercingétorix, enfermé dans Alésia, sauva la vie de ses compagnons en se livrant aux Romains qui l'égorgèrent... »

Nous écrirons :

Les mots *César*, *Gaulois*, *Romains*, évidemment connus de tout le monde, sont écrits en sténographie, et suffisamment séparés des mots voisins pour être remarqués.

Les noms moins répandus « Vercingétorix, Éduens, » écrits une première fois en lettres ordinaires, sont représentés ensuite par des monogrammes sténographiques tronqués   qui suffisent à les faire reconnaître.

Sons étrangers. — Nous avons vu, en construisant notre alphabet sténographique, que neuf caractères simples, bien employés, suffisaient à traduire tous les sons français, abstraction faite de quelques nuances de prononciation. Mais il est des cas où l'on voit figurer dans notre langue, — à titre de citations ou d'indications, — des mots ou des articulations étrangères qui ne rentrent pas dans les catégories de sons que nous avons formées. Telles sont les phrases suivantes :

« Le *th* anglais et le *j* espagnol offrent aux étrangers de grandes difficultés de prononciation. »

« Il lui dit en anglais : » « *Thou wast not loved by them.* »

« On le précipita dans un *in* pace où il restera sans doute *in* secula seculorum. »

Ce qu'il y a de mieux à faire, en présence de ces difficultés, d'ailleurs exceptionnelles, c'est d'écrire en caractères ordinaires les lettres ou les mots qui présentent des sons autres que ceux que nous avons classés et qui suffisent à la langue française. Cela s'applique à la sténographie copiée, bien entendu. Si l'on suit un discours, on écrira simplement en sténographie exacte les sons perçus par l'oreille : Si ces sons ne pouvaient se traduire par un signe connu, on les représenterait par à peu près, — en leur appliquant le signe qui se rapprocherait le plus de leur articulation, — accentué d'une manière spéciale.

Ce conseil n'est pas absolument satisfaisant, mais il est logique, et nous ne voyons pas ce qu'on pourrait lui opposer. Dans les exemples cités, nous remarquons plusieurs sons étrangers à notre langue, mais il est aisé de leur trouver des analogies qui nous permettent de les traduire.

Le TH anglais rentre dans la série des s, CH, z, J, et peut s'écrire ⊣⊢ ou ⊸ ; le son latin IN n'est autre que l'I nasal et s'écrira naturellement ⌣ .

Le J espagnol, qui sonne à peu près comme le R, s'écrira avec un R accentué .

Il serait facile de multiplier ces citations. L'interjection « POUM ! » s'écrira , en donnant à l'OU un son nasal qui ne lui est pas ordinaire. Le patois gascon « Es un sot » dans lequel l'U est franchement nasal, s'écrira : .

Nos élèves pourront donc étendre le domaine de la sténographie, quand cela leur sera nécessaire.

Ponctuation. — La ponctuation peut être fort utile à la sténographie, mais elle peut aussi être un danger, si elle est mal entendue.

Si l'on se rend compte, en effet, que les signes de ponctuation, employés ordinairement, sont courts, simples et d'une forme analogue aux signes sténographiques, on voit qu'il est impossible de les introduire tels quels dans cette écriture. Pour éviter une erreur, il faudrait leur donner une forme distincte, et partant compliquée, ce qui serait contraire à l'esprit de cette science. Il est douteux qu'ils rendent assez de services pour faire passer sur cet inconvénient.

Aussi nous séparons-nous absolument des méthodes qui admettent la virgule double ⁾ , le point et virgule ⁾ , le point ═, représentés par les signes que nous venons de tracer, — car chacun de ces signes est aussi long à écrire qu'un monogramme de plusieurs syllabes et nécessite deux ou trois levées de plume.

Nous serions donc opposés à toute ponctuation, sans le désir de rendre notre sténographie exacte aussi complète que possible.

Il n'est qu'une ponctuation qu'on puisse admettre logiquement en sténographie; c'est celle qui sera plus rapide encore que la ponctuation usuelle. — Puisque celle-ci emploie des traits extrêmement réduits, il faut ne pas en employer du tout, et la traduire par des espaces ou des blancs ménagés dans l'écriture.

Comme nous l'avons dit plus haut, à propos des noms propres, l'espace constitue une sorte de signe négatif, qui prend le moins de temps possible et qui n'en est pas moins très visible. — Voici les conventions qui se baseront sur cette donnée :

La virgule se remplacera par un demi-centimètre d'espace.

Le point et virgule, par un centimètre d'espace.

Le point, par deux centimètres d'espace ou davantage.

La parenthèse d'entrée ou de sortie, par l'abaissement de l'écriture à la ligne au-dessous, sans reculer en marge.

Le tiret, indiquant demande, réponse, interrogation, exclamation, changement de sens, par un abaissement semblable au précédent, avec recul de l'écriture à la marge.

Ces règles très-simples sont suffisantes.

Elles ne ménagent pas le papier, il est vrai, mais nous n'avons pas à nous préoccuper d'une question d'économie.

On pourrait objecter que la sténographie exacte, à qui les signes de ponctuation sont surtout destinés, n'est point aussi pressée que la sténographie suffisante, et qu'on pourrait sacrifier un peu de temps à l'usage d'une ponctuation plus réelle que celle que nous indiquons.

Il est facile de répondre qu'en sténographie exacte ou suffisante, la question de temps doit primer toutes les autres, — la clarté de l'écriture étant réservée. — Il n'existe pas de signes élémentaires, suffisamment rapides, qui puissent se mêler à la sténographie sans confusion. La ponctuation par espaces est d'ailleurs plus précise qu'on ne le croit d'abord. Si l'on se reporte aux règles précédentes, on voit que les deux derniers espaces ne se confondront ni entre eux, ni avec les premiers, puisqu'ils se prennent dans un sens différent : — Le quatrième occasionne un abaissement vertical de la plume, et laisse en blanc une fin et un commencement de ligne. — Le cinquième descend pour aller à gauche et ne laisse qu'une fin de ligne en blanc.

Les trois premiers se prennent également de gauche à droite. Mais une confusion entre eux serait de peu d'importance et n'altérerait pas sensiblement le sens des phrases, car on ne pourrait prendre que la virgule pour le point et virgule, — ou le point et virgule pour le point, — et vice versa. En effet, si l'on remarque que ces espaces vont en se doublant, comme les lignes suivantes,

et que le point peut exagérer sa grandeur, on ne craindra pas de confondre la virgule avec le point, ce qui est le seul danger sérieux à éviter.

Notre ponctuation par espaces, du reste, créée pour la sténographie exacte, est destinée à rendre les services les plus sérieux à la sténographie suffisante. On sait que son principal écueil est le manque de clarté ; en règle générale, plus elle est rapide, moins elle est compréhensible. Or, elle le sera bien moins encore, si on veut la resserrer dans un cercle limité. Il faut qu'elle s'étende, qu'elle déborde, qu'elle suive les caprices de la plume pour devenir plus intelligible.

Dès qu'il est admis qu'elle peut prendre ses aises et abuser des espaces, pourquoi ne les prendrait-elle pas au profit du sens écrit, en leur donnant une signification convenue? C'est ce qui arrivera naturellement, si le sténographe est habitué à ponctuer sa sténographie exacte. Quand il sera pressé par la parole, la plupart de ses levées de plume se traduiront en espaces intelligents, et l'écrivain vraiment habile fera parler jusqu'aux blancs du papier.

La question est plus sérieuse qu'elle ne le paraît d'abord. On peut admettre que la perte d'une virgule ne soit pas de conséquence. Mais une parenthèse ! Mais une demande, une objection, confondues avec la réponse ! Il y a là de quoi faire pendre un homme plus sûrement qu'avec les quatre lignes d'écriture que demandait un premier président.

Il faut donc s'exercer à la ponctuation blanche, comme à un travail salutaire.—Nous devons toutefois déclarer que cette ponctuation n'est pas indispensable.

On ne doit pas craindre de confondre les blancs de ponctuation avec ceux qui doivent isoler les noms propres, ces derniers étant exceptionnels et allant toujours par couple. Cette confusion d'ailleurs serait sans danger ; elle équivaudrait à convenir que pour distinguer les noms propres, on les placerait entre deux virgules.

Nous donnerons plus loin quelques exemples de ponctuation.

NEUVIÈME LEÇON.

—

Les auteurs qui se sont occupés de la numération sténographique l'ont traitée assez légèrement. Ils disent, avec quelque raison, qu'elle a peu d'applications, et qu'on se la rend rarement assez familière pour réaliser un bénéfice de temps, en lui faisant remplacer les chiffres arabes.

Ces chiffres, d'ailleurs, constituent une véritable sténographie symbolique. Le chiffre arabe ne représente aucun son absolu, même dans une seule langue, puisque le même 4 se prononce *quatre*, *quarante*, *quatre cents*, etc., etc., suivant la place qu'il occupe.

L'usage des chiffres fait acquérir à l'expression écrite une rapidité qui dépasse celle de la sténographie ordinaire. Si j'écris 795,478, — au lieu de *sept cent quatre-vingt-quinze mille quatre cent soixante-dix-huit*, — je fais une économie de temps considérable, et pour peu que les chiffres me soient faciles, je puis les écrire aussi vite qu'on les énonce. La sténographie numérale est donc toute trouvée.

Est-ce à dire qu'aucune amélioration ne soit possible, et que la sténographie proprement dite ne puisse appliquer à la numération décimale aucun de ses procédés? Ce serait une erreur de le croire, et nous espérons le prouver.

La plupart des méthodes de sténographie considèrent la numération comme un jeu, une curiosité dont on ne saurait retirer de sérieux avantages. Cela est exagéré. On peut à la rigueur s'en passer, si l'on a la pratique consommée des chiffres ordinaires. Mais ne peut-on supposer qu'un écrivain ait à copier des pages de chiffres dans un temps très-court, des extraits de l'Annuaire des longitudes ou des Tables de logarithmes? N'a-t-on pas quelquefois, dans le commerce, à prendre le double de longues factures, de colonnes de chiffres, dans un bref délai? Si l'on admet cela, il paraît logique de rechercher quelles seraient les bases d'une bonne numération sténographique,— que n'accueilleront, du reste, que ceux qui croiront en tirer quelque bénéfice.

Il faut repousser d'abord un procédé naïf, qui consisterait à écrire les nombres en simple sténographie, d'après les règles que nous connaissons. Il suffit, pour se rendre compte de la maladresse qu'on commettrait, de sténographier le nombre cité plus haut : 795,478 :

Les chiffres arabes nous gagnent de beaucoup en rapidité. Nous sommes donc conduits à conserver la sténographie numérale qu'ils constituent, en ne nous occupant qu'à simplifier sa forme, ce qui peut se faire facilement.

Les traits simples qui nous sont connus, au lieu de traduire un son, représenteront un chiffre. Nous pourrons les lier entre eux, avantage que ne possède pas la numération arabe. Nous profiterons, en outre, de tous les bénéfices de cette numération, au point de vue des sous-entendus et des conventions arithmétiques.

Nous donnons à nos élèves un aperçu de deux numérations sténographiques étrangères, dues à deux professeurs que nous avons cités au début de cet ouvrage. C'est le meilleur moyen de leur montrer les côtés faibles de cette branche de la sténographie, et de leur faire comprendre les raisons qui nous ont éloigné des anciennes méthodes et nous ont engagé à créer un système nouveau.

Disons, en commençant, que l'étude de la numération sténographique ne présente que peu de difficultés et demande très-peu de temps.

Les signes qu'elle emploie se lient entre eux d'après les règles de la sténographie ordinaire ; on les souligne ordinairement pour les distinguer du texte qui les renferme.

Le premier système étranger, le plus imparfait, selon nous, établit les rapports suivants :

Chiffres :	1	2	3	4	5	6	7
Signes représentatifs :							

Chiffres :	8	9	0	
Signes représentatifs :	(	)	℮	
Noms génériques :	**MILLIARD**	**MILLION**	**MILLE**	**CENT**
Signes représentatifs :	၅	၅	ၒ	6

Avant de passer à des exemples, qu'il nous soit permis de signaler les écueils de ce système :

En traduisant un chiffre par une ligne droite de direction déterminée, on ne voit pas la possibilité de distinguer entre eux plusieurs chiffres pareils, placés à la suite l'un de l'autre. On ne peut y arriver qu'en divisant la ligne en autant de tranches que le chiffre doit se répéter de fois. — 5, par exemple, étant traduit par un signe horizontal, — 555 ne peut se lire qu'autant qu'on l'écrira ainsi :

—⊢—⊢—

Il résulte de cette complication de tracé un retard qui doit faire rejeter cette écriture.

Nous ne voyons pas non plus la nécessité d'exprimer les mots *milliard*, *million*, *mille* et *cent*, qui se trouvent sous-entendus dans le système de numération décimale française. Aucun motif n'empêche qu'on ne les supprime également dans la numération sténographique.

L'autre système étranger écarte les noms génériques, ou ne les admet que lorsqu'ils s'appliquent à un nombre terminé par de nombreux zéros. Ils peuvent alors remplacer le tracé de ces zéros avec avantage, en s'écrivant en sténographie ordinaire. Le nom écrit ainsi se distingue du chiffre voisin, en ce qu'il n'est pas souligné. Voici les signes employés par cette méthode :

Chiffres :	1	2	3	4	5	6
Signes représentatifs :						

Chiffres :	7	8	9	0
Signes représentatifs :				

Ce système est assurément préférable au précédent, mais nous avons à lui faire le même reproche au sujet des traits droits, qui se confondront en s'ajoutant pour traduire les répétitions du même chiffre, et qui obligeront à une division. Les signes des chiffres 1, 3 et 4 sont dans ce cas.

D'un autre côté, les chiffres 2, 9 et 0 se représentent par des signes complexes, formés d'une ligne et d'un cercle ; les deux premiers et sont aussi longs à écrire que les chiffres arabes 2 et 9 ; le désavantage est plus grand encore pour le zéro, puisque, *pour le sténographier*, il faut ajouter un trait à sa figure ordinaire. Cela seul condamne cette écriture.

On nous excusera si nous avons appuyé sur ces inconvénients, mais c'est en signalant les fautes commises qu'on apprend à les éviter. Voyons si nous sommes en progrès. Voici l'alphabet de notre système :

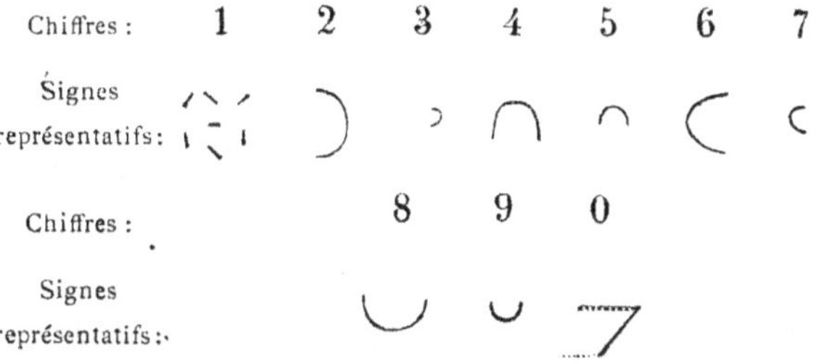

Il est aisé de retenir le rapport établi entre les chiffres arabes et nos signes, en remarquant diverses particularités mnémotechniques :

— Les deux chiffres arabes extrêmes, 1 et 0, formant la dizaine par leur rapprochement, sont seuls représentés par des lignes droites. Les signes du milieu sont traduits par des lignes courbes.

— Tous les chiffres pairs, 2, 4, 6, 8, 0, sont représentés par de grands signes, — et les chiffres impairs, 1, 3, 5, 7, 9, par des signes beaucoup plus petits ; — leurs deux dimensions présentant la différence de grandeur qui existe entre les voyelles et les consonnes.

— Un grand signe, augmenté d'une unité, se change en un signe pareil, mais de plus petit format.

Les RÈGLES de notre numération sont d'ailleurs fort simples :

1° Les signes-chiffres se lient comme les signes-lettres de la sténographie ordinaire, et se soulignent, s'il est utile de les distinguer d'un texte voisin.

2° Les traits droits, traduisant le 1 et le 0, s'écrivent à volonté, en montant ou en descendant, sans aucune autre obligation que de se distinguer nettement des signes voisins.

Il en résulte que leur inclinaison peut varier sans inconvénient. Nous n'avons écrit le 0 penché à droite que parce que cette ligne est familière aux écrivains.

3° Les traits courbes doivent conserver leurs dimensions respectives, dont il faut exagérer la différence, plutôt que de la réduire.

4° Les nombres sténographiques se divisent en tranches de trois chiffres, comme les nombres arabes, la dernière tranche de gauche pouvant être incomplète et ne renfermer qu'un ou deux chiffres. La virgule employée en arithmétique pour diviser ces tranches se remplace par de simples espaces, interrompant la liaison des signes.

5° Toutes les conventions de l'arithmétique décimale, au sujet de l'énoncé des nombres, sont maintenues dans la numération sténographique.

On peut se passer de souligner les chiffres sténographiques, lorsqu'ils sont très-nombreux, ou du moins ne souligner que les premiers et les derniers. On en usera de même toutes les fois qu'on aura le moyen de les distinguer du texte à côté, ce qui est assez facile, à cause de leur formation en monogrammes uniformément composés de trois signes.

La faculté d'écrire les traits droits dans tous les sens nous permettra de former des angles, quand nous aurons à tracer plusieurs fois de suite le même chiffre. Cela nous fait éviter l'écueil que nous avons signalé dans les autres systèmes. Ainsi nous écrirons :

111— *N*   ou   *N*   — et 000 — *N* ou *N* .

On voit que cela permet de traduire les zéros qui terminent les nombres en longue série avec une extrême rapidité.

Nous allons donner quelques exemples de numération sténographique, d'après les systèmes étrangers dont nous avons parlé, et d'après le nôtre. Cela rendra la comparaison plus aisée. N'ayant à craindre aucune confusion, nous nous épargnerons la peine de souligner ces exemples.

NOMBRES	1er SYSTÈME étranger	2e SYSTÈME étranger	SYSTÈME DE notre méthode
795,498			
12,333			
387,499			

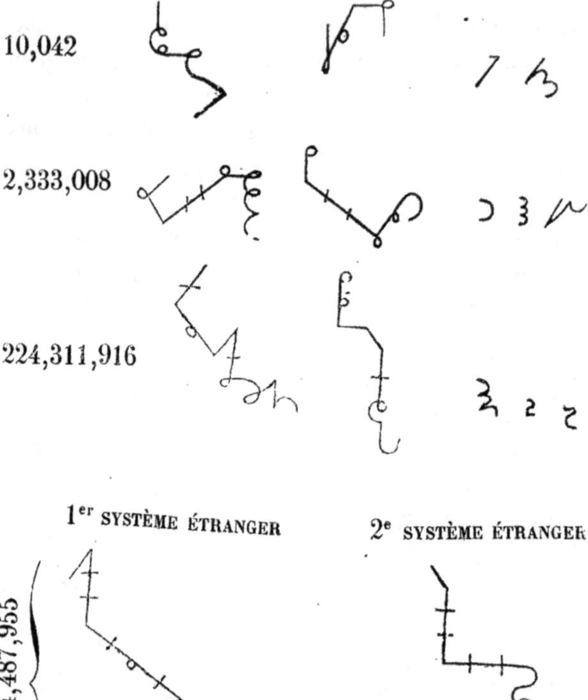

10,042

2,333,008

224,311,916

Ce tableau peut se passer de commentaires. Nous n'avons à y ajouter que quelques observations.

Lorsqu'on a à écrire des nombres considérables, terminés par de nombreux zéros, ces zéros peuvent se remplacer par l'énoncé du nombre, écrit en simple sténographie, si l'on doit réaliser ainsi une économie

11

de temps. Cela dépend des aptitudes du sténographe :
Il écrira donc indifféremment

3,487 milliards   ou   3,487,000,000,000.

La numération sténographique a une application toute exceptionnelle dans la traduction des lettres et des documents chiffrés. On double ainsi l'obscurité d'une cryptographie, et bien que ces petits mystères soient peu usités de nos jours, ils peuvent dans des cas particuliers rendre des services.

Nous ne conseillerions pas l'étude de la numération sténographique, si elle devait être longue ou difficile. Mais, ainsi que nous l'avons dit, les élèves de bonne volonté peuvent, en quelques heures, se la rendre familière. Il leur suffira de copier quelques pages de Barème ou de Callet, et de s'exercer de temps en temps, pour ne pas l'oublier.

Voici quelques nouveaux exemples d'application de notre système :

1830

268,435,456

1,000,810,764

456,229,388,777,211

1,674,249,887,666,325

Nous terminerons, en faisant remarquer que la numération sténographique ne peut avoir d'emploi sérieux que dans la reproduction des nombres, bien qu'elle puisse, comme les chiffres arabes, se prêter à tous les calculs. Mais, dans ce dernier cas, elle perd ses avantages de liaisons et de rapidité, par l'obligation de s'écrire de droite à gauche, et de suivre les combinaisons mentales de l'écrivain.

Il n'y aurait à revenir sur ces réflexions que si quelque révolution dans l'enseignement et les usages amenait la réforme des chiffres arabes et de la numération décimale. La numération duo-décimale, préconisée par d'éminents esprits, s'imposera peut-être à l'avenir, et sera au système décimal ce que le système décimal est aux anciens nombres complexes. Les coutumes en seront sans doute violemment heurtées, mais les avantages de la substitution seraient tels, qu'on s'étonnerait ensuite qu'un progrès pareil fut resté si longtemps à s'accomplir.

DIXIÈME LEÇON.

—

ABRÉVIATIONS ET MOYENS D'ACCÉLÉRER L'ÉCRITURE
STÉNOGRAPHIQUE.

Nous en avons fini avec la sténographie exacte, et nous entrons désormais dans le domaine de la sténographie suffisante, de cette écriture dont la rapidité n'est bornée que par l'obligation de rester intelligible. Ce ne sont plus des règles que nous avons à donner, mais des conseils. On apprend la sténographie exacte ; on se fait une sténographie suffisante.

Cette dernière s'explique par son nom même ; il faut qu'elle suffise à celui qui l'écrit, et ce point acquis, il peut en abréger l'expression à sa guise. Il n'est de limites aux abréviations qu'il peut se permettre que le point où son écriture trop rapide deviendrait illisible pour lui-même.

Il y a donc, dès le début, une ligne de démarcation notoire, qui sépare les écrivains qui ont de la mémoire de ceux qui sont privés de cette faculté.

Les premiers peuvent reconstruire une phrase entière avec un trait, un signe distinctif, créé pour les besoins de la cause. Les mots coupés, interrompus, à peine indiqués, leur seront des jalons suffisants pour retrouver un discours sténographié à la hâte.

Les intelligences moins heureuses se heurtent au contraire à mille obscurités imprévues. On ne peut décider de ses aptitudes à cet égard qu'après les avoir éprouvées. La bonne volonté seule est impuissante à assurer le succès, et l'on constate toùjours, dans des élèves d'égale force, abordant la sténographie suffisante, des différences notables de dispositions et de progrès.

Aussi, en développant les meilleurs procédés d'abréviation usités en sténographie, ne saurions-nous dire à nos élèves ceux qu'ils doivent accueillir ou repousser. Il en est de très-simples qui peuvent leur être antipathiques et les jeter dans des erreurs fréquentes; il en est de compliqués qui leur deviendront familiers, et qu'ils emploieront par une sorte d'inclination naturelle.

Ils feront donc leur choix eux-mêmes, mais avec une extrême réserve, — ne passant à une abréviation nouvelle que lorsque l'usage de la précédente leur sera tout à fait connu.

Il est entendu que nous nous adressons à des sténographes sérieux, car eux seuls peuvent aborder sans danger cette étude spéciale, qu'on pourrait appeler la syntaxe de la sténographie. En voulant obtenir la rapidité par l'abréviation, avant de s'être fait une écriture sûre et régulière, on courrait le risque de rester dans une éternelle médiocrité. Il faut donc s'appuyer avant tout sur la pratique consciencieuse de la sténographie exacte, et partir de là pour acquérir une écriture dont la vitesse peut suivre la parole et même la dépasser.

Pour appuyer d'exemples précis les procédés d'abréviation ordinaires et mettre sous les yeux de nos lecteurs les modifications successives qu'ils font subir à la sténographie, nous prendrons un texte, que nous ferons passer par les phases de réduction et de simplification que nous allons décrire. Le voici :

Calypso ne pouvait se consoler du départ d'Ulysse. Dans sa douleur, elle se trouvait malheureuse d'être immortelle. Sa grotte ne résonnait plus de son chant; les nymphes qui la servaient n'osaient lui parler. Elle se promenait souvent seule sur les gazons fleuris dont un printemps éternel bordait son île; mais ces beaux lieux, loin de modérer sa douleur, ne faisaient que lui rappeler le triste souvenir d'Ulysse, qu'elle y avait vu tant de fois auprès d'elle. Souvent elle demeurait immobile sur le rivage de la mer, qu'elle arrosait de ses larmes, et elle était sans cesse tournée vers le côté où le vaisseau d'Ulysse, fendant les ondes, avait disparu à ses yeux.

Nous donnons une première traduction de ces lignes en sténographie exacte ponctuée :

On remarquera que les modes d'abréviation qui vont suivre respectent les noms propres contenus dans ce passage. Ce n'est que dans nos dernières versions qu'ils seront légèrement altérés, ce qui peut se faire lorsque les noms sont supposés parfaitement connus.

Les abréviations sténographiques se divisent en quatre catégories, qui renferment tous les cas possibles. L'écriture peut se réduire en modifiant :

1° LES LIAISONS ;
2° LES LETTRES ;
3° LES MOTS ;
4° LES PHRASES.

I. Les abréviations de liaisons ne sont autre chose que les procédés de liaisons irrégulières que nous avons développés dans un chapitre spécial.

Ce sont les réductions les plus naturelles et les plus avantageuses, celles qui gagnent le plus de temps, en altérant le moins le texte, puisqu'en réalité elles ne suppriment rien. Aussi sont-elles les seules qu'on puisse admettre dans la sténographie exacte, sans lui faire perdre son nom. Nous en avons donné des exemples particuliers.

II. Les abréviations qui s'appliquent aux lettres sont les plus importantes. On s'attend certainement à nous voir négliger les points et les accents qui donnent à la sténographie son caractère d'exactitude. Le pas est peut-être rude à franchir; mais on peut s'y reprendre à deux fois, et commencer par supprimer les points des voyelles, sans toucher aux consonnes. Cette première modification n'est pas dangereuse. Quand un mot, écrit ainsi, ne présente aucun sens à la mémoire, on donne un son nasal à ses syllabes, l'une après l'autre, et l'on tombe forcément sur le mot cherché.

Quand on est familiarisé avec l'absence des points, on passe aux altérations des consonnes. Il faut répéter ici ce que nous avons dit dans la cinquième leçon, en divisant les consonnes en neuf catégories. C'est que l'omission des accents, en faisant confondre le P et le B, le T et le D, le F et le V, le C et le G, le S, le Z, le CH et le J, ne rend pas un texte inintelligible; il n'en résulte qu'une erreur volontaire équivalant à un vice de prononciation.

Comme nous l'avons enseigné aux « Exercices de lecture, » quand le sens d'un mot ne se dégage pas clairement des caractères qu'on a sous les yeux, on les lit tels qu'on les voit, et l'on étudie par à peu près les sons perçus par l'oreille. N'oublions pas que la mémoire aide puissamment dans cette recherche.

Si l'on craignait d'adopter d'emblée la suppression

de tous les accents, on pourrait procéder par degrés, et n'altérer d'abord que les consonnes courbes. Après des exercices suffisants, on opérerait de même sur les consonnes droites.

Nous allons donner un exemple d'écriture ainsi modifiée : c'est le texte précédent, avec liaisons irrégulières et suppression totale des accents et des points.

III. La troisième série d'abréviations porte sur la contexture des mots et leur enlève certaines lettres, dont l'absence n'altère pas leur prononciation et leur physionomie d'une manière trop sensible. Il suffit que le mot puisse se reconnaître à quelque trait spécial ou au son dominant qu'il renferme.

Le nombre de mots qui se prête à ces suppressions est si considérable, qu'on ne saurait en donner la liste, ni les classer d'une manière absolue. Les élèves apprendront facilement à les connaître, pour peu qu'ils aient l'instinct de la sténographie. Qu'ils prennent note, d'ailleurs, en parcourant les abréviations que nous allons passer en revue, que nous ne leur disons pas : Voici ce qu'il faut faire; — mais simplement : Voici ce que vous pouvez faire, si votre plume et votre mémoire en sont d'accord, et si vous vous sentez assez forts pour retrouver plus tard le texte que vous aurez défiguré.

On peut altérer les mots comme suit :

— Supprimez la voyelle EU, en l'assimilant à l'E muet, toutes les fois qu'elle se trouve ENTRE deux articulations. — Écrivez :

SL,   PRZ,   MALRZ, — pour SEUL, PEUREUSE, MALHEUREUSE.

Si cette voyelle commence un mot ou le termine, il faut nécessairement la maintenir. Cette observation s'applique à toutes les voyelles, dont la suppression n'est jamais autorisée au commencement ou à la fin des mots.

— Supprimez l'E entre deux consonnes, surtout quand il suit ou quand il précède deux articulations — ou davantage. Écrivez :

MR,   NJ,   CLBR,   ERDITÉ,   — pour MER, NEIGE,

CÉLÈBRE, HÉRÉDITÉ.

PSTIFRE,   LGA   NSSR,   — pour PESTIFÉRÉ, LÉGAT,

NÉCESSAIRE.

FVRIE,   BRSO,   TT,   PRESS,   — pour FÉVRIER,

BERCEAU,

TÊTE, PRINCESSE.

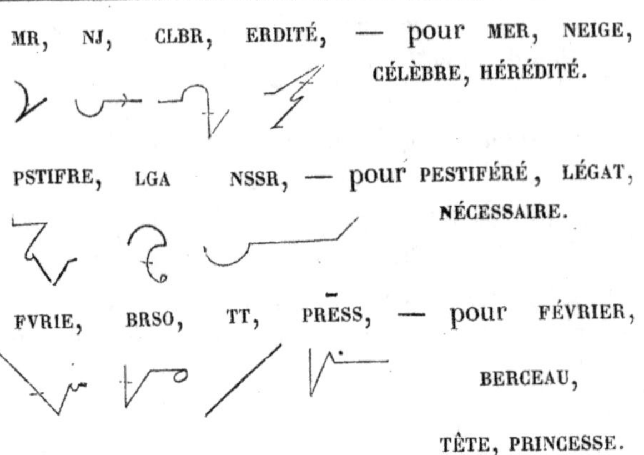

— Supprimez les sons les moins importants de plusieurs sons consécutifs réunis dans le même mot. Écrivez :

REL, DISTE, NIF, RESSI, — pour RÉEL, DÉISTE, NAÏF,

RÉUSSI.

EGIST, CORITIE, TATR, — pour ÉGOÏSTE, COHÉRITIER,

THÉATRE.

ESSUER, VOUAJ, VOUO, — pour ESSUYER, VOYAGE,

VOYONS.

On remarquera que dans les deux derniers mots, nous supprimons deux sons sur quatre. — Plus haut, nous écrivons RESSI pour RÉUSSI; nous écririons aussi bien RUSSI, mais on doit éviter autant que possible les mots qui peuvent prêter à un double sens.

Le tact joue un grand rôle dans l'emploi des procédés d'abréviations.

— Supprimez les articulations les moins importantes, quand plusieurs articulations sont réunies et juxtaposées dans le même mot. Écrivez :

EZAP, TAB, SOUF, NEG, — pour EXEMPLE, TABLE, SOUFRE, NÈGRE.

OSTAC, ESTEM, COCRI, — pour OBSTACLE, EXTRÊME, CONSCRIT.

ARTASIO, SUSESI, SUTAS, — pour ARRESTATION, SUCCESSIF, SUBSTANCE.

— Supprimez les finales formées par une articulation, telle que R, L, S, quand leur absence ne dénature pas trop le sens du mot. Écrivez :

TROPICA, SIMILO, DSI, — pour TROPICAL, SIMILOR, DÉSIR.

— Supprimez les finales entières dans les mots très-longs, au delà de la troisième ou quatrième syllabe. Écrivez :

INCOPAT, TRASUBTAT, — pour INCOMPATIBILITÉ, TRANSSUBTANTIATION.

IPOTEC, COVENAB, — pour HYPOTHÉCAIRE,

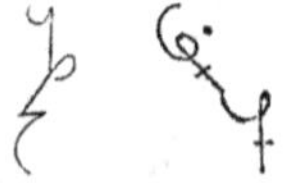

            CONVENABLEMENT.

Nous avons à parler d'une abréviation spéciale de mot, assez importante, mais qui s'écarte des principes de notre méthode et que nous ne saurions autoriser. Si nous la citons, c'est pour compléter notre liste de cas d'abréviations, dans laquelle nous ne voulons laisser aucune lacune. — Son emploi est hasardeux ; elle ne peut être pratiquée que par des sténographes très-exercés, qui sont alors obligés de renoncer à la plupart des autres abréviations permises. Elle consiste à supprimer la totalité des voyelles comprises dans l'intérieur des mots. On écrit ainsi :

MNSLB, AMR, CCT, — pour MONOSYLLABE, AMOUR,

            CONQUÊTE.

LVR, PRC, NZBL, — pour LIVRE, PERRUQUE,

            NUISIBLE.

Ce genre de simplification prête beaucoup aux obscurités. Il dérive des méthodes anglaises, dites syllabiques, dont nous avons parlé au commencement de ce volume, — et ne nous paraît guère applicable à la sténographie française. Mais, sans l'adopter complétement, nous pourrons, de temps à autre, supprimer les voyelles qui ne nous paraîtront pas indispensables à la clarté de notre écriture.

Voici une troisième version du Télémaque, dans laquelle la plupart des abréviations de mots sont employées.

Les différences qu'on peut constater entre cette version et les précédentes ont trait aux mots suivants :

POUF, pour POUVAIT, — COSLE, pour CONSOLER ;
TEPA, pour DÉPART, — TOULR, pour DOULEUR ;

TOUFE, pour TROUVAIT, — MLRS, pour MALHEUREUSE ;

TTR, pour D'ÊTRE, — IMOTE, pour IMMORTELLE ;

RESON, pour RÉSONNAIT, — PU, pour PLUS ;

SERF, pour SERVAIENT, — LI, pour LUI ;

PALE, pour PARLER, — POMN, pour PROMENAIT ;

SU, pour SUR, — FLRI, pour FLEURI ;

PETA, pour PRINTEMPS, — ETRNL, pour ÉTERNEL ;

POTE, pour BORDAIT, — S, pour CES ;

MOTRE, pour MODÉRER, — FSE, pour FAISAIENT ;

TIST, pour TRISTE, — CL, pour QU'ELLE ;

OPE, pour AUPRÈS, — TMRE, pour DEMEURAIT ;

IMOBL, pour IMMOBILE, — MR, pour MER ;

LAM, pour LARMES, — SS, pour CESSE ;

TOUNE, pour TOURNÉE, — FE, pour VERS ;

FSO, pour VAISSEAU, — TIPARU, pour DISPARU.

Il est certain que l'esprit et les yeux s'étonnent de quelques-unes de ces abréviations, et que *peta* pour *printemps, pote* pour *bordait,* sont un peu hardis. Nous n'avons pas à défendre ces modifications de mots, qui font comprendre combien la mémoire est un auxiliaire précieux en sténographie, quand la plume pressée n'a que le temps de planter les jalons qui doivent permettre aux sténographes de reconstruire un discours.

IV. La quatrième série d'abréviations porte sur les phrases. Elle supprime certains mots ou certaines locutions, — soit en les enlevant simplement, — soit en les remplaçant par un trait spécial, créé par le sténographe et destiné à les rappeler.

Le premier genre d'élimination frappe les mots

d'une importance secondaire, les articles, les pro-
noms, les conjonctions. On arrive ainsi à former un
langage assez semblable au patois des nègres ou au
français des télégrammes. On écrit : *Arrivez vite
Paris sœur malade consultation danger sérieux,* —
pour *Partez immédiatement pour Paris; votre sœur
est malade; d'après une consultation, elle est dans
un danger sérieux.*

Ces abréviations sont sans danger, car, en retrou-
vant les mots principaux d'un discours dont on con-
naît le sens et les tendances, on les rassemble facilement, de façon à arriver à peu près au texte véritable.
Voici une dernière version de l'exemple cité, dans
laquelle nous ajoutons, aux précédentes réductions,
des suppressions de mots accessoires :

Le mot à mot de cette sténographie est :

Calypso — ne pouvait — consoler départ — d'Ulysse. — Dans douleur — malheureuse — d'être — immortelle. — Grotte résonnait plus de chant. — Nymphes qui servaient n'osaient — parler. — Promenait souvent seule — sur gazons fleuris — dont printemps — éternel bordait île — mais beaux lieux — loin de modérer douleur — rappelaient triste souvenir — d'Ulysse — vu tant de fois — près d'elle. — Souvent — immobile sur rivage mer — arrosé de larmes — et sans cesse — tournée vers coté — où vaisseau d'Ulysse — fendant ondes — disparut yeux.

Ce récit est certainement compréhensible, surtout pour quelqu'un qui a lu ou entendu quelque temps auparavant le texte *in extenso* qu'il reproduit en abrégé. Les monogrammes de cette dernière version sont semblables à ceux de la précédente et aussi faciles à traduire; les noms propres de Calypso et d'Ulysse, regardés comme très-connus, ont subi une légère altération.

Le second genre d'élimination de mots consiste à les remplacer par un signe qui les rappelle, — signe de convention, qu'on pourrait appeler technique, créé par l'usage ou par le sténographe qui l'emploie. Ces signes représentatifs des mots existent dans la plupart des sciences et des industries, et s'infiltrent de toutes façons dans l'écriture usuelle.

Le commerce écrit V/ — N/ — q.q. — C° — pour Votre, Notre, quelque, Compagnie; — la géométrie désigne des lignes, des surfaces, des solides, par des capitales réunies — AB, — ABC, — MNOP; — l'algèbre remplace par des lettres, prises à des points divers de l'alphabet, les quantités inconnues, — x, y, z; — les quantités connues indéterminées, — a, b, c; — les titres des quantités, — m, n; — elle écrit :

$$ax^m + bx^{m-1} + cx^{m-2} - \text{etc.}$$

La chimie use également de ces simplifications et traduit par des lettres les noms de ses nomenclatures; elle écrit — $C^2\,H^4$ — pour « hydrogène protocarboné; » — clH — pour « acide chlorhydrique; » — $C^2\,H^4\,Az^2\,O^2$ — pour « isomère du cyanate d'ammoniaque. »

Nos élèves voient quel champ leur est ouvert. Nous n'avons pas besoin de conseiller aux mathématiciens l'usage des signes $+$ plus, $-$ moins, $=$ égal, $>$ plus grand que, $<$ plus petit que, etc., etc. On doit toutefois éviter d'employer des signes qui pourraient se confondre avec les traits sténographiques.

Les élèves qui suivent des leçons d'histoire pourront se forger des signes spéciaux pour remplacer les tournures de phrases qui se présentent le plus souvent dans les discours des professeurs : *succéda à — gagna la bataille de — fut battu à — dans la ville de*, etc.

Dans les cours de géométrie, il sera bon de pouvoir sténographier d'un trait : *mais nous avons — mais nous avons vu — d'où il résulte — à plus forte raison — c'est ce qu'il faut démontrer*, etc.

Les sténographes des tribunaux devront pouvoir écrire d'un jet de plume : *notre honorable adversaire*

— le texte de la loi du — l'accusé — le témoin, — enfin les désignations spéciales à la cause.

Quant aux signes à employer pour cela, les meilleurs seront certainement ceux qui ne nécessiteront pas de levée de plume et se distingueront nettement de la sténographie voisine. Ce problème peut être facilement résolu. Quand on arrivera aux mots à traduire d'une façon spéciale, on ajoutera au monogramme précédent une ligne — pesée et fort longue, — verticale, oblique, horizontale, arrondie ou brisée, qui sera censée les représenter. Nous disons une ligne pesée et fort longue, pour qu'on ne puisse la confondre avec la sténographie des consonnes doubles. Les élèves peuvent d'ailleurs chercher des améliorations à ce conseil, et nous souhaitons qu'ils trouvent mieux.

Ici s'arrête le chapitre des abréviations, qui nécessite à lui seul plus d'études et d'exercices que tous les autres ensemble. Mais il faut dire que seul il peut donner à la plume le moyen d'atteindre la vitesse de la parole, ce qui est l'ambition légitime de tous les sténographes.

CONDITIONS MATÉRIELLES

Quoique la question semble puérile, nous ne terminerons pas sans dire quelques mots des conditions matérielles favorables à la rapidité de la sténographie. Ce ne sont, d'ailleurs, que des indications.

Le sténographe doit se placer assis ou debout, devant une table ou un pupître, disposés à la hauteur convenable. Il y a gêne, et par conséquent retard, à écrire sur ses genoux ou sur un agenda tenu à la main. Dans un grand nombre de cas pourtant, à l'église, au théâtre, en voyage, on ne peut guère faire autrement ; — c'est une habitude à prendre.

Le choix du papier est indifférent, pourvu qu'il soit doux et satiné, afin que la main et la plume courent rapidement à sa surface sans l'égratigner. Le papier qui boit retarde la plume. Il est entendu qu'on ne doit faire aucune économie de papier, surtout quand on fait de la sténographie suffisante. On traduira toujours plus aisément des monogrammes espacés que ceux qui seront rassemblés en groupes serrés.

On peut se servir à volonté de plumes ou de

crayons, mais en s'arrangeant pour n'avoir à tailler ni les uns ni les autres. Il faut en avoir un certain nombre prêts à être mis en œuvre, pour parer à tous les accidents. La plume nécessite des mouvements perdus pour se tremper dans l'encre, mais elle a une netteté de trait que ne possède pas son concurrent. Le crayon s'émousse assez vite, et l'on perd également du temps à le changer. Quand sa pointe s'écrase, il donne des traits lourds et confus.

En résumé, on doit user de chacun de ces instruments, suivant le cas et l'occurrence. Le crayon l'emportera toutes les fois qu'on voudra sténographier à l'improviste.

La plume sera préférée quand on pourra s'installer commodément, et notamment quand on voudra faire de la sténographie exacte.

Quant à la question de dimension d'écriture, nous nous en sommes occupés dans notre septième leçon. Nos élèves trouveront facilement le point qui conviendra le mieux à l'agilité de leurs doigts.

ÉPILOGUE.

—

Ce dernier chapitre sera court. C'est moins un enseignement qu'un adieu que nous voulons adresser à nos lecteurs. Nous serons heureux s'ils ne regrettent pas le temps qu'ils nous ont consacré, et s'ils retirent quelques fruits de nos leçons et de nos conseils.

Il y a sans doute fort à reprendre dans notre travail, si consciencieux qu'il soit. En dehors des répétitions, peut-être nécessaires, dont nous avons fatigué nos élèves, nous nous sommes laissés aller à quelques digressions. Mais notre but, en leur apprenant la sténographie, était aussi de la leur faire aimer.

En terminant notre tâche, nous devons aux lecteurs familiarisés avec la sténographie, — et nous espérons que le nombre en sera grand, — quelques derniers avis au sujet d'une science dans laquelle on peut progresser toute sa vie. Quand on sait la sténographie, on se fait sténographe soi-même par des exercices suivis d'écriture et de lecture, et nous rappelons ici, d'une manière instante, ce que nous avons dit au titre *Exercices*, entre nos cinquième et sixième leçons.

Pour assurer le désir qu'on a de bien faire, nous ne saurions trop recommander de se créer un travail intéressant et de longue haleine. On peut d'ailleurs faire tourner cela au profit des études et du développement intellectuel des élèves. Il faut s'astreindre, par exemple, à copier en sténographie, et à relire, quelques jours après, des livres d'histoire ou de voyages, des articles spéciaux d'une bonne encyclopédie, des livres utiles enfin. La mémoire les retiendra bien mieux que si l'on se contentait d'en faire une lecture ordinaire.

Si ce travail paraît aride, nous n'insisterons pas sur la question morale. Il vaut mieux encore que les élèves copient les *Mille et une Nuits* ou écrivent des contes de fées, que de ne point exercer leur plume. C'est à eux de choisir un travail attrayant.

Il y a mieux à faire encore, mais cela n'est pas toujours facile. Il faut entrer en correspondance avec un élève d'une force à peu près égale à la vôtre et échanger des lettres fréquentes. C'est assurément le meilleur des exercices, car il forme en même temps à la lecture et à l'écriture sténographiques. On s'astreint à une exactitude nécessaire; on se pique d'émulation, et on devient sténographe en peu de temps. Aussi retire-t-on d'excellents résultats de l'application de ce mode d'études à un groupe d'élèves.

Nous devons néanmoins prémunir nos lecteurs contre l'idée naturelle, mais dangereuse, de nous prendre pour but de leur correspondance. Ce n'est pas que nous manquions de bonne volonté, et nous serions heureux de leur être agréable. Mais si nous sommes disposés à recevoir des observations ou des critiques, le temps nous manquerait absolument pour corriger des devoirs ou lire de longues lettres. On devine à ce mot que nous en avons reçu, et l'on ne nous en voudra pas de cet avis.

Nous avons multiplié, dans ce livre, les exemples de sténographie, et aurions voulu en donner davantage. Il est bon que les élèves aient sous les yeux des types d'écriture, pour les comparer avec leur travail, constater leurs progrès, se rendre compte des écueils à éviter et des améliorations qu'ils peuvent obtenir. Cela supplée en partie à la correspondance dont nous parlions, et exerce l'œil à la lecture d'une sténographie étrangère, ce qui est infiniment plus profitable que la lecture qu'on fait de sa propre écriture, car il est des erreurs familières, et l'on retrouve souvent le sens d'un texte qu'on a mal écrit, sans s'apercevoir des fautes qu'il renferme.

Il y a donc une lacune à combler, et on ne pourrait le faire que par une publication sténographique qui serait le complément naturel de cet ouvrage.

Il s'agit de savoir si cette proposition, très-peu intéressée, quoiqu'on puisse en penser, réunirait un nombre suffisant d'adhésions. Deux cents environ suffiraient, car un journal, entièrement écrit en sténographie, pourrait s'imprimer par des procédés autographiques peu coûteux, qui conserveraient à l'écriture une fidélité absolue. Nous offrons donc à nos élèves, — sous toutes réserves, — notre projet de GAZETTE STÉNOGRAPHIQUE.

Son prix serait réduit à la plus simple expression, — 5 fr. par an pour Paris et les départements; — elle paraîtrait tous les mois. Son format dépendrait de son succès, et partant de huit pages in-octavo pour deux cents abonnés, il pourrait s'élever à vingt ou trente pages, si ce chiffre arrivait à mille.

Huit pages du format de ce livre paraîtront courtes, mais on sait combien la sténographie est compacte. Il s'agit moins d'ailleurs d'avoir de longues pages à lire que des types d'écriture correcte et régulière.

Est-ce à dire pour cela que le texte de la *Gazette* serait pédant ou niais ? Ce n'est pas notre intention, et nous nous demandons, au contraire, si un journal pareil ne pourrait pas devenir aussi intéressant que les grands formats. L'auteur de ce livre vit dans le monde des journaux et a des amitiés précieuses dans les lettres ; il se chargerait volontiers de sténographier des correspondances et des articles inédits, dus aux meilleures plumes. La GAZETTE STÉNOGRAPHIQUE conserverait des allures discrètes et presque un caractère de correspondance. En se maintenant dans les limites du bon goût et des convenances, qui pourrait l'empêcher de publier ces mots que tout Paris répète et que personne n'ose écrire? Mais nous ne saurions entrer à cet égard dans de longs développements.

C'est à nos lecteurs à faire éclore, si cela leur convient, l'œuf que nous leur présentons. Il contient en germe :

LA GAZETTE STÉNOGRAPHIQUE.

Journal scientifique et littéraire,

Paraissant tous les mois.

S'ils entrent dans nos vues, il leur suffira de nous écrire, sans nous rien envoyer absolument :

« *Vous pouvez me regarder comme souscripteur à la première année de la* GAZETTE STÉNOGRAPHIQUE, *paraissant tous les mois, — au prix de 5 francs par an, — si ce journal paraît avant la fin de 1869.* »

(Signer et donner son adresse très-lisiblement.)

Nous prendrons note également des souscriptions sténographiées, et dès la réunion de deux cents abonnements, nous nous engageons à paraître.

Si ce chiffre n'est pas atteint, nous en serons pour notre offre cordiale.

A. ROBY.

À la Librairie du *Petit Journal.*

FIN.

TABLE DES MATIÈRES

FIN DE LA TABLE.

Tours. — Imp. E. Mazereau, 11, rue Richelieu.

NOTE DERNIÈRE.

Il y aurait peut-être un ERRATA à faire à la fin de ce volume, malgré le soin particulier qui a présidé à son impression.

La gravure des caractères sténographiques présente des difficultés spéciales, et malgré notre surveillance, nous ne donnons pas nos *exemples* comme irréprochables. Il suffit d'une inclinaison plus ou moins grande des signes, d'une dimension réduite ou exagérée, pour changer les éléments d'un mot.

Mais il ne faut pas oublier que nos leçons sur la sténographie suffisante permettent à nos élèves de redresser ces erreurs ; il n'en est pas un qui, avec un peu d'attention, ne pénètre les obscurités qui auraient pu se glisser dans notre texte.

Nous avons supprimé d'ailleurs plusieurs bois dont la correction ne nous paraissait pas satisfaisante : nous en donnons pour exemple ce type de sténographie minuscule que nos élèves arriveront sûrement à déchiffrer.

www.ingramcontent.com/pod-product-compliance
Lightning Source LLC
LaVergne TN
LVHW051023200726
843508LV00001B/260